원서발췌
인간의 교육

JN435799

## 고전 명작을 읽는 가장 쉬운 길, ‘지식을만드는지식 원서발췌’

축약, 해설, 리라이팅이 아닙니다. 원전의 핵심 내용을 문장 그대로 가져옵니다. 작품의 오리지낼리티를 가감 없이 느낄 수 있습니다.
두껍고 읽기 어려워 책장을 덮어 버리곤 했던 고전을 발췌합니다. 해당 작품을 연구한 전문가가 작품의 정수를 가려 뽑아냅니다. 핵심만 읽기 때문에 더 빠르게 더 많은 고전을 읽을 수 있습니다. 제외된 부분은 중간중간 친절하게 요약 설명합니다. 풍부한 해설과 주석으로 전체 내용을 파악하는 데 무리가 없습니다. 정확한 번역, 적절한 윤문으로 10대에서 80대까지 누구나 쉽게 읽을 수 있습니다. 콤팩트한 사이즈와 분량이므로 간편하게 휴대할 수 있습니다. 수천 쪽의 고전을 발췌된 내용으로 읽고도 전체 의미를 파악할 수 있는 것이 지식을만드는지식 원서발췌의 매직입니다. 발췌율은 표지에 표시하고 발췌 방법은 일러두기에 상세히 밝힙니다.
고전 독자를 발췌 읽기에서 완역 읽기로, 더 나아가 원전 읽기로 안내합니다. 바쁜 현대인들에게 새로운 고전읽기 방법을 제시합니다.

# 원서발췌
# 인간의 교육

Die Menschenerziehung

프리드리히 프뢰벨(Friedrich Fröbel) 지음
정영근 옮김

대한민국, 서울, 지식을만드는지식, 2025

## 편집자 일러두기

- 이 책은 《Die Menschenerziehung》(Ausgewählte Schriften, hrsg. von Erika Hoffmann, Bd. 2. Düsseldorf und München, 1968)을 저본으로 했습니다.
- 이 번역은 프뢰벨의 《인간의 교육》에서 그의 교육 사상을 파악하는 데 핵심이 되는 내용을 중심으로 발췌했습니다. 또한 다소 어색한 부분이 있더라도 원전에 가장 가깝게 옮기는 데 중점을 두었습니다.
- 발췌한 부분은 대체로 책의 전반부에 속하며 대부분 1에서 57까지의 내용입니다. 이 책에 번역된 분량은 원본의 1/4 정도입니다.
- 본문의 (…) 표시는 생략된 부분을 의미합니다.
- 본문에 진한 글씨로 되어 있는 부분은 원전을 그대로 따른 것입니다.
- 원전에는 목차가 들어 있지 않으나 독자들의 이해를 돕기 위해 옮긴이가 제시했습니다.
- 주석은 모두 옮긴이가 붙인 것입니다.
- 원전에는 생략되었으나 옮긴이가 문맥상 보충한 것과 괄호가 중복될 때는 [ ]를 사용했습니다.
- 외래어 표기는 현행 한글어문규정의 외래어표기법을 따랐습니다.

• 이 책은 2009년 6월 15일 한정판 '고전천줄' 시리즈로 처음 출간했습니다. 2015년 8월 21일 표지를 바꿔 '천줄읽기' 시리즈로 다시 출간했다가 이번에 '원서발췌' 시리즈로 옮겨 출간합니다.

# 차례

# 인간의 교육

# I. 인간 교육의 철학적 기초

1

어떤 영원한 법칙(ewiges Gesetz)이 만물에 깃들어 작용한다. 그 법칙은 인간의 정신세계와도 같은 내면세계 및 외부세계인 자연에서 드러났으며 또 드러나고 있다. 또한 그 법칙은 인간 정신과 자연을 통합하는 사람의 삶 속에서 늘 명료하고 확고하게 나타난다. 이 영원한 법칙은 심정과 믿음으로부터 나오는 필연성으로 자기 자신을 충만하게 하고 사로잡으며 고무하는 사람에서뿐만 아니라, 맑고 차분한 눈으로 외부세계를 보고, 외부세계를 통해 내면세계를 직관하며, 내면세계의 본질로부터 외부세계를 필연적이고 확실하게 간파해 내는 사람에게서 드러난다.

모든 것을 관장하는 이 법칙은 필연적으로 모든 것에 작용하고 그 자체로 명확하며 생동적인 통일성, 즉 스스로를 알기에 영원히 존재하는 통일성에 근거한다. 다른 한편으로 이 법칙은 통일성 그 자체처럼 같은 방식의 믿음이나 직관을 통해서 한결같이 생동적이고 포괄적으로 파악된다. 그리하여 그 통일성은 고요하고 주의 깊은 인간의 심정과 사려 깊고 명료한 인간 정신에 의해 예로부터 인식되어 왔으며 또 앞으로도 인식될 것이다.

이 통일성은 신(神)이다.

모든 것은 오로지 신성함(das Göttliche) 즉 신으로부터 나왔으며, 신성함 즉 신을 통해서만 제약할 수 있다. 만물의 유일한 근거는 신에게 있다.

모든 것은 신성함 즉 신을 통해서 안식을 얻고 생명을 유지하며 존재한다.

만물은 오로지 신성함이 그 안에서 작용함에 따라 존재한다. 각각의 사물에 작용하는 신성함이야말로 그 사물의 본질이다.

2

만물의 규정됨과 소명(召命)은 그 자체의 본질, 즉 그 속의 신성함, 더 나아가 신성(神聖) 그 자체를 발전적으로 제시하는 데 있다. 다시 말해 만물의 소명이란 외적인 것과 무상한 것을 통해 신을 공표하고 계시하는 일이다. 인지적이고 이성적인 존재인 인간의 규정성과 소명이란 자신의 본질과 자기 속의 신성함, 즉 신과 자기규정성 및 소명을 완연한 의식과 생동적 인식, 명확한 통찰로 이끄는 것이며 또한 이를 자신의 삶에서 자기결정 및 자유에 따라 효과적으로 수행해 내면서 알리는 일인 것이다.

그러므로 인간의 교육은 자의식을 지닌 채 사유하고 인지하는 존재로서의 인간이 내면의 법칙인 신성함을 자의식 및 자기결정에 따라 있는 그대로 순수하게 제시하도록 격려하고 이끄는 일이요, 또한 그것에 요구되는 수단과 방법을 보여 주는 일이다.

3

이렇게 영원한 법칙을 인식하고 의식하게 되는 것, 이 법칙의 근거와 본질 및 그 영향력의 연관성과 생동성으로서의 전체를 통찰하는 것, 삶에 대한 지식과 인간 생활 전체에서의 삶의 지식이 학문(Wissenschaft)이요, 삶의 학문(Lebenswissenschaft)이다. 그리고 의식을 지녔고 사유하며 인지하는 존재로서의 인간 그 자체를 제시하고 실천하는 측면과 연관된 지식이 교육학(Erziehungswissenschaft)이다.

사유하고 인지하는 존재가 자신의 소명을 깨닫게 하고 영원한 법칙을 인식하여 자신의 규정됨에 도달할 수 있도록 통찰하게끔 해 주는 처방이 교육 이론(Erziehungslehre)이다.

이성적 존재의 직접적 발달과 형성을 위한 이러한 인

식과 통찰, 지식을 인간의 사명 달성에 자유롭게 적용하는 일이 교육 기술(Erziehungskunst)이다.

교육의 목적은 소명에 충실하고 순수하며 구김 없이 신성한 삶을 드러내는 것이다.

이러한 인식과 그 적용, 그리고 의식과 표현이 통합되어 소명에 충실하고 순수하며 신성한 삶을 위해 삶 속에서 결합되면 그것이 삶의 지혜(Lebensweisheit), 즉 지혜 그 자체다.

4

지혜로움은 인간이 추구하는 최상의 것으로 자신을 규정하는 인간의 가장 숭고한 행위다.

자기 자신과 남을 교육하는 일, 의식과 자유 및 자기결정을 지닌 채 교육을 하는 일은 지혜의 양면적 행위다. 지혜는 지구 상의 첫 인간(Einzelmensch)과 더불어 시작되었고, 개별 존재의 완성된 자의식이 처음으로 나타났을 때 그곳에 있었으며, 지금은 인간에게 필연적이고 보편적으로 요구되는 것으로 주목받고 이용되고 있다. 이렇게 지혜를 추구하는 일은 삶으로 나아가는 길로 들어서는 유일한 방법인데, 이 길은 인간 존재의 내면적 요구를 실현해 내며 그를 바탕으로 외부적 요구 또한 확실하게 성취해 낸다. 즉 지혜를 추구하는 일은 소명에 충실하고 순수하며 성스러운 생활을 통해 축복받은 삶으로 나아가게 한다.

## 5

그러므로 인간 내면의 신성함이라 할 수 있는 인간의 본질은 교육을 통해 사람에게서 발현되고 분명하게 제시되어야 한다. 인간은 의식적으로 이러한 신성함을 본받아야 하며 자신의 내면에서 작용하는 신성함을 자유롭게 나타낼 수 있어야만 하는 것이다.

교육(Erziehung)과 수업(Unterricht)은 인간을 둘러싸고 있는 자연(본성)에 내재하고 있으며, 자연의 본질을 형성하고, 그러한 자연 안에서 지속적으로 나타나는 신성함과 정신성, 그리고 영원함을 인간이 직관할 수 있도록 이끌어 인식에 도달케 해야만 한다. 또한 교육과 수업은 가르치는 일과 결합된 생동적 상호작용에서 자연과 인간 사이에 동일한 법칙이 존재하고 있음을 드러내고 표현해 내야만 한다.

교육은 수업과 가르침(Lehre) 전체를 통해 인간과 자연이 신으로부터 생겨났으며, 제약받는 존재일 뿐만 아니라, 신 안에서만 안식을 누린다는 사실을 사람들이 의식하게 해주고 또 그러한 사실이 실생활에 작용하도록 해야 한다.

교육은 인간이 자신에 대한 명확함 및 자기 내면에서의 명확함을 얻고, 자연과 화합하며, 신과 결합하도록 이끌어야만 한다. 그러므로 교육은 자기 자신과 인간 자체, 그리고 신과 자연을 인식하도록 사람을 고양하며, 그로 인해 야기된 순수하고 성스러운 삶으로 올라서도록 해야만 한다.

6

그러나 이 모든 요구에 있어 교육은 내면적인 것(das Innere) 내지 가장 내면적인 것(das Innerste)에 근거하고 있다.

모든 내면적인 것은 외형적인 것의 내면에 의해서, 그리고 외적인 것을 통해서 인식된다. 사물과 인간의 본질과 정신, 즉 사물과 인간의 신성함은 그것의 표출을 통해서 인식된다. 그렇다면 그에 따라 모든 교육, 수업, 가르침, 그리고 자유의 산물로서의 삶이란 다름 아닌 인간 및 사물의 표출과 연결되어 있으며, 외부에서 출발하여 내면에 영향을 주는 것이요, 또한 그 외부로부터 내면이 추론되는 것인가.

그렇지만 교육은 외적인 면을 근거로 하여 내면적인 것을 추론할 수 없고 또 추론해서도 안 된다. 그 어떤 관계에 있어 사물의 본질은 오히려 언제나 상반된 방식으로, 즉 외부를 근거로 내면이, 그리고 내면을 근거로 외부가 추론되는 것을 요구한다. 그렇다고 자연에서의 다양성(Mannigfaltigkeit)과 다원성(Vielheit)을 근거로 하여 그것의 궁극적 조건의 다원성, 즉 신들의 다원성이 추론되어서는 안 된다. 또한 신의 단일성(Einheit)을 근거로 자연의 완결성이 추론되어서도 안 된다. 이 두 가지의 경우 오히려 거꾸로 자연에서의 다양성에 근거하여 그 최후 근거인 신이 단일하다는 점이 추론되고, 또 신의 단일성을 근거로 영원하게 지속되는 자연 발달의 다양성이 추론되어야만 한다.

이제 막 언급된 진리를 적용하지 않고 오히려 그것을 지속적으로 위반하는 일, 즉 아동과 소년 생활의 일정한 외형적 현상을 근거로 내면적인 것을 일방적으로 추론하는 일이야말로 서로 다투며 저항하는 현상의 본질적 근거이자 삶과 교육에서 매우 자주 되풀이되는 과오의 본질적 이유다. 아동과 청소년을 끊임없이 오해하는 이유, 그리고 어린이에 대해 불필요한 불평과 과도한 칭찬 및 어리석은 기대를 하는 확실한 이유가 바로 여기에 있다. 그러므로 이러한 진리를 적용하는 일은 부모와 유치원 보모, 교사에게 매우 중요하다. 따라서 이들 모두가 이러한 진리를 적용함에 있어 세세한 부분까지 잘 알 수 있도록 노력해야 한다.

그렇게 해야 부모와 어린이의 관계, 원아와 보모의 관계, 그리고 학생과 교사의 관계에서 오늘날 보람도 없이 추구되고 있는 확실함, 안정감, 평온함을 얻을 수 있다. 겉으로 선량해 보이는 아이도 그 내면에서는 그렇지 않은 경우가 있다. 다시 말해 자기결정이나 사랑 또는 존경과 인정하려는 마음으로부터 선함을 행하고자 하지 않는 경우가 있다. 마찬가지로 겉으로는 거칠고 고집스러우며 제멋대로여서 선량해 보이지 않는 아이도 때때로 내면적으로는 자기결정에 따라 선함을 표현하고자 매우 활발하고 열성적으로 힘차게 노력한다. 겉보기에 산만한 아이라 할지라도 내면적으로는 외부의 그 어느 것도 그 아이의 주의를 끌지 못할 정도로 확고부동한 생각을 지니고 있다.

7

그러므로 교육(Erziehung), 수업(Unterricht), 그리고 가르침(Lehre)[1)]은 그 근본에 있어서나 첫 번째 특성에서

1) 교육(Erziehung)은 아동 내면의 자연적 성장의 힘, 즉 잠재력, 가능성을 개발하는 동시에 외부의 지식과 가치를 아동에게 전수함으로써 스스로 판단하고 결정하는 능력을 지니도록 하는 일이다. 수업

필연적으로 수동적이고 자연에 따르는(nachgehend), 단지 돌보아 주고 보호하는 방식이어야 하지, 결코 지시적·규정적이거나 개입하는 방식이어서는 안 된다.

8

교육 그 자체는 필연적으로 이와 같아야 한다. 왜냐하면 방해받지 않는 상태에서 신성함의 작용은 항상 선하고, 선해야만 하며, 선하지 않을 수 없기 때문이다. 그런데 이러한 필연성은 다음과 같은 사실들을 전제로 하고 있어야 한다. 아직 어리고 이제 막 성장해 가는 인간은 비록 천연물(Naturprodukt)처럼 아직 의식하지는 못할지라도 자신을 위해 기필코 최선을 다한다는 것이다. 그 외에도 자신의 모든 소질과 능력 및 수완이 표현해 내고 싶어 하는 형식으로, 다시 말해 자신에게 완전히 적합한 형식으로 최선을 다하고자 한다.

그래서 오리 새끼는 연못으로 달려가 물 위에서 놀거나 물속으로 잠수한다. 그런가 하면 병아리는 흙을 파헤

---

(Unterricht)은 전문화되고 제도화된 지식과 견해를 교육적 의도에서 계획하여 방법적으로 교수하는 일을 의미한다. 가르침(Lehre)은 수업 방법보다는 가르칠 주제나 가르치는 선생님에 초점이 맞춰지며 지식 전달은 물론 행동, 마음의 태도 등의 전달이 병행된다.

치고, 제비 새끼는 날아다니면서 모이를 잡을 때에도 땅을 전혀 건드리지 않는다. 이미 언급한 역(逆)추론의 진리(외부를 근거로 내면이, 그리고 내면을 근거로 외부가 추론되는 것)에 대해, 그리고 그러한 진리를 조심스레 추종하며 교육에 적용하는 것에 대해 어떤 이의가 제기되어도 그 정당성이 입증될 것이다. 또 그 진리에 대한 논쟁이 제아무리 심각해도 이 진리는 이를 전적으로 신뢰하고 적용하는 사람들에 의해 언젠가는 그 정당성을 명백하게 입증하게 될 것이다.

우리가 어린 동식물에게 공간 및 시간을 허용하는 것은 그것들이 각 개체에 작용하는 법칙에 따라 아름답게 발육하고 올바로 성장할 것을 알기 때문이다. 어린 동식물에게 평온을 제공하되 강압적인 영향력 행사를 피하는 이유는 그렇게 하면 그들의 순수한 성장과 건강한 발달에 방해된다는 사실을 알기 때문이다. 그런데 사람들은 어린이를 마음대로 주무를 수 있는 밀랍이나 점토 덩이인 양 착각한다. 자신의 정원이나 들판, 초지와 수풀을 돌아다니는 사람들이여, 그대들은 어찌하여 자연이 침묵의 언어로 가르치는 것을 듣기 위해 감관을 열지 않는 것인가.

당신들이 잡초라 부르는 식물을 관찰해 보라. 그 식물은 억압과 강요 속에서 자라났기에 내면의 법칙성

(Gesetzmässigkeit)을 거의 짐작할 수 없다. 그럼에도 공터와 들판, 그리고 화단에 있는 잡초를 관찰해 보라. 그것이 얼마나 멋진 법칙성을 보여 주고, 그 얼마나 순수하게 내면적이며 모든 부분들과 드러냄에서 조화로운 삶을 제시하고 있는지. 잡초는 형상화된 태양이, 아니 빛나는 별이 토양에서 발아한 것이다. 그렇다면 부모들이여, 타고난 본성에 반(反)하게 초기의 생활 및 직업을 강요했던, 그래서 병약하고 부자연스럽게 당신들 주변을 맴도는 자녀들 역시 아름답게 발달하고 전인적으로 성장하는 존재가 될 수 있지 않겠는가.

신성함의 작용을 따르거나 그 순진무구함과 근원적 건전함에서 인간을 고찰할 때 적극적이고 규정적이며 확정하고 간섭하는 가르침과 교육, 그리고 수업은 모두 필연적으로 매몰차고 억제적이며 파괴적으로 작용할 것임에 틀림없다. 자연으로부터 얻게 되는 또 다른 교훈은, 포도 덩굴 같은 식물은 반드시 가지치기를 해야 한다는 것이다. 그러나 그렇게 포도나무 가지를 쳐 줬다고 해서 포도주가 생기는 것은 아니다. 정원사가 가지를 칠 때 그 식물의 자연적 본성에 완전히 수동적으로 따르지 않는다면, 비록 좋은 의도에서 그렇게 했더라도, 포도나무 가지는 오히려 완전히 말라비틀어질 것이고, 최소한 열매를 생산하는 데도

실패할 것이다.

우리는 천연물을 다루는 데는 거의 대부분 제대로 하고 있지만, 인간을 다루는 일에서는 잘못된 길을 가고 있다. 그렇지만 같은 원천에서 나오며 동일한 법칙에 따라 활동하는 힘들이 인간과 자연 모두에게 작용하고 있다. 그러므로 이러한 측면에서 자연을 주목하고 관찰하는 일은 인간에게 매우 중요하다.

자연은 우리에게 무구하며 근원적인 상태를 보여 주고 있지만 인간의 경우에는 그러한 자연성이 드물게 나타난다. 그러나 자연성에 반대되는 것이 확실시될 때까지 개별 인간에 있어서는 이러한 본원적 상태가 전제되어야만 한다. 왜냐하면 그렇지 않을 경우 아직도 인간의 자연성이 온전하게 발견될 수 있는 곳에서조차 이 무구하고 근원적인 상태가 쉽사리 말살될 수 있기 때문이다. 하지만 근원적인 것이 파괴되었다는 확신이 교육받아야 할 인간 전체로부터 나오게 될 경우, 즉 무구하고 근원적인 상태의 파괴가 내면과 외부 전체로부터 나온 것임을 확신하게 될 경우에는 즉시 규정적이고 강요하는 교육 방식이 매우 엄정하게 나타나게 된다.

그러나 내면적인 것이 훼손되어 드러나는 일이 항상 있는 일은 아닐 뿐더러 그것을 확실하게 증명하기란 어렵다. 적어도 드러난 훼손의 근거 및 시발점이 어디며 또 어떠한 방향성을 지녔는지를 보여 주는 지점과 원천을 증명하기란 더욱더 어렵다. 본질적으로 틀림없으며 궁극적으로 그것을 판단하는 시금석(Prüfstein)은 본래 인간 자신 속에만 있는 법이다. 그러므로 이러한 측면에서 교육, 가르침, 그리고 모든 수업은 규정적이거나 명령적이기보다는 훨씬 더 수동적이고 본성 추종적이어야만 한다. 왜냐하면 순전히 규정적이고 명령적인 교육이 나타날 경우에는 인간 안의 신성함을 표현하는 일이, 즉 인류의 순수하고 지속적인 발전과 확고하며 끊임없는 전진이 사라질 수 있기 때문이다. 사유와 자기결정에 따르는 삶을 통해 인간 안의 신성함을 표현해 내는 일은 모든 교육과 삶의 목표요, 추구하는 사항일 뿐만 아니라 인간에게 주어진 유일한 사명이기도 하다.

그러므로 인간을 전적으로 규정하고 요구하며 명령하는 교육 방식은 실제로 자기 자신에 대해 명확하게 되고, 신과 인간 사이의 일치된 삶이 시작되며, 아버지와 아들 혹은 제자와 스승 사이의 상호 이해와 공동생활이 시작된 후에야 비로소 개시되는 것이다. 왜냐하면 그때 비로소 전체의 본질과 개인의 본성으로부터 진리가 도출되고 인식될 수 있기 때문이다.

그에 따라 근본적으로 건강한 어린이의 상태를 교란시키거나 훼손시키는 원천과 방향성이 입증되어 명확하게 인식될 때까지 우리가 취할 수 있는 일이란 모든 측면에서 주목해야 할 관계 및 환경으로 어린이를 이끄는 것뿐이다. 여기서 그러한 관계와 환경이란 어린이의 행실 자체를 통해 거울에 비치듯 다양한 측면이 나타나고, 그가 그 작용 및 결과에서 자신의 행실을 신속하게 인식하게 되는 환경이다. 이러한 관계와 환경에서 자신의 진정한 상태가 본인 및 다른 사람들에 의해 쉽게 인식될 수 있으며 내면적 삶이 불현듯 혼란에 빠지더라도 그 피해가 최소화된다.

## 9

명령하고 간섭하는 교육은 대체로 이중적 속성을 지녔다. 명확하고 생동적인 사유, 다시 말해 자체 안에 근거하는 진정한 이념(Idee)이든지 아니면 이미 예전부터 존재하며 인정받고 있는 모범됨(das Musterhafte)이다. 그러나 그 자체에 근거하는 생동적 사상이 명령하고, 그 자체의 진정함이 지시하는 곳에서는 이른바 영원함(das Ewige)이 지배하고 있다. 따라서 영원함은 다시금 수동적이고 추종적으로 나타나야 한다. 왜냐하면 생동적 사상, 영원함, 그리고 신성함 그 자체는 자유로 나아가고 신을 닮도록 창조된 인간 본질의 자유로운 자기활동성과 자기 결정을 요구하고 또 전제로 하기 때문이다.

10

예로부터 존재해 왔고 또 가장 완전하다고 인정받는 모범적 삶은 오로지 그 본질과 열망에 따라 모범이고자 하는 것이지 그 형식에 의해 모범이 되기를 바라지 않는다. 만약 모든 정신적이고 인간적인 모범들이 그 형식에 의해 모범으로 여겨진다면 그것은 엄청난 오해다. 그래서 전형(典型)이 된 모범이 나타나는 것이 인류에게 고무적으로 작용하기는커녕 오히려 억제하고 후퇴시키는 방향으로 작용하는 것은 흔히 경험하는 일이다.

11

이런 이유에서 예수는 자신의 삶과 가르침에서 일관되게 외형적 모범됨에 집착하는 일을 물리치려 했다. 삶의 전형으로 고수되어야 할 것은 오로지 정신적으로 추구되는 생동적 모범성이며, 그것이 나타나는 방식과 형식은 자유로워야 한다. 우리 인류가 예수 그리스도에게서 발견하고 알게 되는 최고로 완성된 삶이란 자신의 존재와 출현, 그리고 삶의 본원적이며 원천적인 근거를 생동적으로 명확히 인식하는 삶이다. 이러한 삶은 영원한 조건을 통해, 영원한 법칙에 따라, 그리고 영원히 살아 있으며 창조하는 것으로부터 자발적이고 자립적으로 생성된 것이다.

이 모범적 삶은 또한 인간 각자가 다시 영원한 전형의 모상이 되는 것을, 즉 각각의 인간이 스스로 자신 및 다른 사람의 모범이 될 것을 요구한다. 이는 인간 각자가 영원한 법칙에 따라 자유와 자기규정, 그리고 자기 선택을 통해 그러한 모범으로 새롭게 태어나라는 요구다. 이렇게 자기 자신 및 다른 사람의 모범으로 새롭게 나타나는 일은 모든 교육과 가르침, 그리고 수업의 과제이자 목표로서 반드시 그렇게 되어야 한다. 따라서 영원히 모범적인 것 또한 그 형식을 요구하는 데 있어서는 추종적이고 수동적이다.

12

그럼에도 불구하고 우리가 경험을 통해 알듯이 생동적 사상, 즉 영원한 정신적 모범은 그 본질에 의해 규정적이고 요청하는 형식으로 드러나야 하고, 실제로 그렇게 나타나고 있다. 그런데 그러한 정신적 모범이 요청에 따라 엄격하게 나타나기는 하지만, 오로지 전체의 본질과 개인의 본성으로부터 필연적으로 요구되는 곳에서만 언제나 가차 없고 제약 없이 존속하는 것을 우리는 알고 있다. 그리고 그러한 필요성을 인정받을 수 있는 사람에게서는 모범됨이 항상 필연성의 기관으로 전제된다는 것도 알고 있다.

그 요구의 근거를 정신적으로 파고들면서 통찰하는 곳이나 또는 심정적으로 신뢰하는 다른 사람을 전제로 하는 곳에서 모범됨이 나타나게 된다. 즉 티 없이 맑은 어린이와의 관계이거나 또는 명확한 관계, 적어도 이제 성인기에 들어선 사람과의 관계에서 요청하는 형식으로 모범됨이 나타난다. 이 경우 모범됨은 대체로 예시나 말을 통해 존재하는데, 항상 정신 및 삶과 연관되어 나타나며 형식과 연관되어 요청적으로 나타나는 일은 결코 없다.

그러므로 훌륭한 교육, 올바른 수업, 그리고 진정한 가르침에서는 필연성이 자유를 야기하고 법칙이 자기결정을 불러일으켜야 한다. 또한 외부로부터의 강제가 내면의 자유로운 의지를, 그리고 외부의 증오심이 내면의 사랑을 환기시켜야만 한다. 증오가 증오를, 법칙이 기만과 범죄를, 강제가 노예근성을, 그리고 필연성이 굴종을 낳는 곳에서는 모든 교육, 교육의 영향, 가르침, 그리고 수업이 말살된다. 또 억압으로 인해 파괴되고 무시되는 곳, 막중한 책임감이 좌절하고 천박해지는 곳, 엄격함과 견고함이 반항을, 완고함이 허위를 낳는 곳에서 교육과 가르침 및 수업은 수포로 돌아가게 된다.

이렇게 교육 그 자체를 말살시키지 않으면서 교육, 가르침, 그리고 수업을 잘 해내기 위해서는 규정으로 나타나는 모든 것들에 따라 작용하지 않으면 안 된다. 이 모든 것들이 세부적 · 필연적으로 규정됨으로써 더 이상 항변할 여지가 없도록 표현될 경우에만 그러한 교육이 이루어지게 된다. 그리고 요구하는 자 스스로가 영원히 지배하는 그 어떤 법칙이나 회피할 수 없는 영원한 필연성에 어쩔 수 없이 엄격하게 예속됨으로써 모든 임의성이 사라질 경우에 교육과 가르침, 그리고 수업이 가능하게 되는 것이다.

13

모든 진정한 교육과 가르침 및 수업, 그리고 올바른 보모와 교사는 무엇을 요구하고 결정함에 있어 매 순간 양극단적인 동시에 양면적이지 않으면 안 된다. 교사는 제공하며 받고, 결합하며 분할하고, 명령하며 추종하고, 실행하며 참아 내고, 규제하며 해방시키고, 고정적이며 유동적이어야 하는 바, 학생과 아동 또한 이러한 상태에 있어야 한다. 그러나 교사와 학생, 즉 요구와 추종 사이에는 보이지 않는 제3의 것이 존재하고 있어야만 한다. 제약으로부터 필연적으로 나오며 비자의적으로 드러나는 최상의 것과 정당함이 제3의 것을 지배한다. 교사와 아동은 동일하고 균등하게 이 제3의 것에 예속되어 있다.

이 제3의 것을 조용히 인정하고 명백하게 인식하는 일과 자신을 냉정하고 흔쾌하게 그것의 지배하에 두는 일은 매우 특별한 일로, 이는 보모와 교사에게서 전혀 동요되지 않은 채 그대로 나타나야 하며 때로는 교사를 통해 확고하면서도 진지하게 드러날 수 있어야만 한다. 아동이나 학생은 이 제3의 것을 인식하는 데 필요한 올바른 육감과 느낌을 지니고 있다. 즉 아동이나 학생은 교사 또는 아버지가 발언하고 요구하는 것이 개인적이고 자의적인 내용인지, 아니면 보편적 필연성으로 표명되는 것인지를 알기 때문에 이 점에서 틀리는 경우란 거의 없다.

## 14

그러므로 어린이와 교사가 동일하게 따르도록 되어 있는 이 불변의 제3의 것에 헌신하고 자신을 위탁하는 일은 교사가 학생에게 하는 요구에서 아주 미세한 부분에 이르기까지 표명되어야만 한다. 그에 따라 수업의 필연적이자 일반적인 공식은 '이것을 하라. 그리고 이렇게 규정된 관계에서 어떤 결과가 그대의 행위로부터 나오며 그것이 그대를 어떤 인식으로 이끄는가를 보라'다. 그리하여 각자의 삶을 위해 '그대의 정신적 본질, 즉 그대 안에 살아 있는 것을 표현하라. 그대의 삶을 순수하게 그 외형에서, 그리고 외형적인 것을 통해 표현하라. 그리고 그대의 본질이 무엇을 요구하고 있으며 그 어떤 속성을 지녔는지 보라'고 명령한다. 예수 스스로도 오로지 이러한 명령에서 자신이 이 세상에 온 신성함, 자신의 본질 및 삶의 신성함, 그리고 자신이 가르치는 진리를 인식하라고 촉구한다. 이것이야말로 모든 생명을 인식하고 모든 삶 및 진리의 근거와 본질을 인식케 하는 명령인 것이다.

뒤이어 나오는 요구는 이러한 명령에서 해결되고 설명되며, 동시에 이를 통해 그 해결 및 성취의 방식 또한 주어진다. 교사의 가르침은 개별적이고 특수한 것을 일반화하고, 보편적인 것을 특수화·개별화하면서 이 둘을 현존(Dasein)에서 증명해야만 한다. 교사는 외적인 것을 내면화하고 내면적인 것은 외형화하면서 이 둘에 필연적인 통일성을 제시해야만 한다. 교사는 유한한 것을 무한하게, 그리고 무한한 것은 유한하게 고찰하면서 이 둘을 균형 있게 산출해 내야만 한다. 교사는 인간적인 것에서 신성함을 인지하여 직시하게 하고 신 안에서 인간의 본질을 입증하면서 이 둘이 삶 속에서 서로 표현되도록 노력해야만 한다.

이러한 사실은 인간이 자기 자신과 성장하는 세대, 그리고 인류 진보의 역사에서 스스로를 주목하면 할수록 인간의 본질로부터 더 명확하고 확고하게 나타나는 것이요, 더욱더 이론의 여지 없이 표명된다.

## 15

이미 언급된 것처럼 유한한 것 속에서 무한한 것을, 일시적인 것에서 영원한 것을, 지상의 것에서 천상의 것을, 인간을 통해 신성함을 표현하는 일은 우리의 삶 속에서 부정할 수 없이 나타나고 표명된다. 인간 안의 본원적이고 신성한 본질을 모든 측면에서 교육과 가르침, 그리고 수업 모두의 유일한 목적이요, 목표로 잘 간직함으로써 그렇게 표명되는 것이다. 그러므로 이러한 사실은 인간이 지구에 출현했을 때처럼 유일하고 진실한 관점에서, 마치 성모마리아가 수대고지(受胎告知) 때 그랬던 것처럼 고찰되어야 한다. 다시 말해 눈에 보이지 않는 모태에 있을 때부터 유념되고 장려되어야 하는 것이다.

인간은 누구나 자신의 영원불변하는 본질에 따라, 그리고 그 영혼과 정신에 따라 인간이라는 형체 안에 현재 나타나고 있으며 또 이미 현현된 신성함으로 인식되고 육성되어야 한다. 즉 인간은 신의 사랑과 친근함 및 은총의

증표로서, 그리고 마치 최초의 기독교도들이 자신의 자녀를 실제로 인식했던 것처럼 육성되어야 한다. 또한 사람들이 자신의 자녀에게 붙여 준 이름들이 입증하듯 신성한 존재로 인식되고 육성되어야 하는 것이다.

인간은 누구나 어릴 적부터 필연적으로 인류의 본질적인 일원으로 간주되고 인정되며 또한 육성되어야 한다. 그에 따라 보육자로서의 부모는 신과 자녀, 그리고 인류에 대한 책임을 통감해야만 한다.

부모는 또한 자녀를 필히 인류 발전의 현재, 과거, 그리고 미래에 연계시켜 명백한 관계 및 생동적 관련 속에서 고찰하고 유념해야 한다. 그리하여 아이의 계발과 교육을 인간성 및 인류 진보의 현재, 과거, 미래의 요구에 맞추고 조화시켜야 한다. 이는 신성한 동시에 지상적(irdisch)이며 인간다운 성향을 지닌 우리가 신과 자연 및 인간에 속하는 존재로, 다시 말해 통일성과 개체성 및 다양성을 자신 안에 포괄하는 동시에 현재와 과거, 그리고 미래를 살아가는 존재로 고찰되고 주목되며 다뤄져야 함을 말한다.

16

그러므로 인간, 즉 외형적으로 드러난 현상으로서의 인간 안에 내재하는 인간성은 이미 완성된 현상, 완전하게 이루어진 것, 이미 확실하게 고정된 것이기보다는 지속적으로 발전해 가는 것, 스스로 발달하는 것, 영원하게 생동하는 것, 무한함과 영원함 속에 기인하는 목표를 향해 발달과 계발의 한 단계에서 다른 단계로 진보하는 그 무엇으로 고찰되어야 한다.

인류의 발달과 계발을 정지되고 완결된 것으로 간주하여 언제고 또다시, 그리고 더 거대한 보편성 속에서 반복되는 것으로 고찰하는 것은 이루 말할 수 없이 해로운 관점이다. 왜냐하면 이러한 관점에 따를 때 어린이 및 그 이후 세대 모두는 그저 단순하게 모방하여 전혀 생명력이 없는 모상(模相)으로, 즉 이전의 것을 그대로 주조한 것으로 전락할 것이기 때문이다. 그럴 경우 미래와 미래 인류의 발전 단계에서, 다시 말해 인류 진보의 총체성에서 어린이가 다시 생동적 본보기가 될 수 없다. 실로 다음 세대의 인류와 개별 인간은 각기 앞서 간 인류의 발전과 성장 전체를 자신 안에서 겪어야 하며, 겪어 나가고 있다. 만약 그렇지 않을 경우 인간은 앞서 간 세계 및 자신이 살고 있는 세계를 이해하지 못한다. 그러므로 이러한 경험은 모방이나 흉내처럼 생명력 없는 방식이 아니라 자발적이고 자유로운 발달과 계발처럼 생동적 방식으로 진행되어야 한다.

인간 각자는 앞서 간 세계 및 자신이 살고 있는 세계를 스스로에게나 다른 사람들에게 자기 자신으로부터 모범적으로 다시 표현해 내야 한다. 왜냐하면 인류의 일원이자 신의 자녀인 인간 각자에게 인류 전체가 내재되어 있어, 고유하고 개성적이며 각자에게 유일한 방식으로 표현되고 각인되어 나타나고 있으며, 또 그렇게 나타나야만 하기 때문이다. 또 그래야만 인류와 신의 본질이 그 무한함과 영원함에서 예감되고 또한 모든 다양성을 포괄하는 것으로 예감될 수 있으며 점점 더 잘 인식되고 더욱 생동적이며 확고하게 예감될 수 있기 때문이다.

인간에 대한 일체를 충분하게 포괄하는 인식에서만 그리고 인간 및 인간의 본질에 대한 통찰에서만 인간을 양육하고 교육하기 위해 더 알아야 할 모든 것들이 진정한 탐구를 통해 자연스레 나타나게 된다. 다시 말해 인간의 출생이 고지될 때부터 진정한 인간의 교육과 양육은 인간을 이렇게 이해하는 관점에서만 번성하여 꽃피우고 열매를 맺어 무르익을 수 있다.

17

바로 이 점에서 부부와 부모가 출생 고지의 전후로 행해야 할 모든 것, 즉 말과 행위에서의 순수함과 명확함, 인간의 가치와 존엄성에 대한 확신, 스스로를 신의 선물을 지키고 보호하며 돌보는 자로 간주하는 일, 인간의 직분과 사명, 그리고 그것을 달성하는 방법 및 수단에 대한 식견을 넓히는 일이 명확하고 확실하게 나타난다. 그런데 부모의 본질, 부성적인 것과 모성적인 것의 본질, 정신적인 것과 심정적인 것의 본질을 일치시키고 조화시켜 발전 · 계발하는 데 어린이의 사명이 있다. 물론 그에 대한 부모들의 성향과 장점은 그들 스스로도 아직 모를 뿐만 아니라 예감조차 할 수 없는 상태지만 말이다.

어린이의 사명과 마찬가지로 신과 자연의 자녀인 인간의 사명은 신과 자연의 본질, 즉 자연적인 것과 신성한 것, 지상의 것과 천상의 것, 유한한 것과 무한한 것을 일치 · 조화시켜 표현하는 데 있다. 가정의 일원인 자녀의 사명이 가족의 본질, 즉 가족의 정신적 성향과 힘을 조화시켜 모든 측면에서 명확하게 전개 · 표현하는 데 있는 것처럼, 인류의 일원인 인간의 사명과 직분은 인류 전체의 본질과 힘, 그리고 성향을 발전시키고 계발하여 표현해 내는 데 있다.

## 18

그런데 가족의 일원인 어린이 각자는 자신을 모든 측면에서 가장 완전하고 명확하게 발달시키면서도 가장 고유하고 개성적으로 표현해 낼 때 부모와 가족의 본질을 — 비록 그것이 아직 부모와 가정에 의해 인식되지 않았으며 이제껏 예감조차 되지 않았지만, 그럼에도 가정에 근거하고 있을 것인데 — 최고로 명료하고 완전하게 표현한다. 마찬가지로 신의 자녀이자 인류의 일원인 인간 역시 인간 각자, 그리고 어린이 각자가 자신을 가장 고유하고 개성적으로 계발하고 표현해 낼 때 신과 인류의 본질 전체를 — 비록 그것이 아직은 결코 보편적으로 인식되거나 인정받지는 못하지만, 그래도 인류에 근거하고 있을 것인데 — 최고로 순수하고 완전하게 표현한다.

이러한 일은 인간이 자신을 그러한 방식으로 다음과 같은 법칙에 따라, 즉 만물을 발달시키고 계발해 왔던 법칙에 따라, 그리고 존재와 현존, 창조자와 피조물, 신과 자연이 존재하는 곳 모두를 지배하고 명령하는 법칙에 따라 발전시키고 계발할 경우에 일어난다. 다시 말해 인간 각자가 자신의 존재를 첫째, 자신 안에서 또 자신에게서, 그리고 자신을 통해 통일되게 표현할 경우에, 둘째, 자신의 존재를 개별자에게서, 다시 말해 밖으로 나타난 개별적인 것에서 특별히 완전하게 명백하고 완성되게 표현할 경우에, 셋째, 자신의 존재를 자신에게서 기인하고 자신을 통해 발생된 모든 것에서 아주 다양하게 표현할 경우에 생겨나는 것이다.

오로지 이 세 가지 경우에만, 그러나 이 셋이 그 자체 안에서 통합된 하나로 표현될 경우에만, 각자의 내면적 본질이 제시되고 밖으로 드러나며 그로 인해 그것이 명백해지고 그것을 공표하는 일이 완성된다. 현실에서 혹은 단순히 인식하고 통찰하는 데서, 그리고 그것을 인정하는 데서라는 이 세 가지 조건 가운데 단 한 가지라도 결여될 경우, 오로지 불완전하고 미완성된 표현과 완성되지 못해 주저하는 통찰만 남게 된다. 각각의 사물은 그 통일성과 본질에 따라 오직 앞서 언급했던 방식으로만 스스로를 모든 측면에서 공표하고 드러낸다. 사물 각각이 그 본질을 완전하게 공표하고 드러내야만 한다면, 이러한 사물의 삼위일체적 표현을 인정하고 적용하는 일만이 사물을 사물 각각의 정당한 인식 및 그 본질에 대한 진정한 통찰로 이끌게 된다.

## II. 인간의 성장 · 발달 단계

### 1. 유아기(乳兒期)

19

그러므로 어린이는 이 세상에 출현하는 순간부터, 즉 출생부터 자신의 본질에 따라 파악되어야 하고, 올바르게 다루어져야 하며, 자신의 힘을 모든 측면에서 자유롭게 사용할 수 있게 되어야만 한다. 어린이가 자신의 힘과 사지를 사용하는 데서 한 부분이 다른 부분을 희생시켜 조성되거나 이러한 힘들이 발달 과정에서 지체되어서는 안 된다. 어린 아기의 몸 일부를 묶거나 싸매는 것은 물론 후에 보행을 촉진하기 위해 기구를 사용하는 일 또한 안 된다. 아기는 발달 초기에 모든 힘과 사지의 중심점 및 연결점을 자신 안에서 발견하여 거기에 따라 몸을 지탱하고 움직이며, 자유롭게 움직여 활동하며, 자신의 손으로 잡아 매달리며, 다리로 서서 걸으며, 눈으로 사물을 찾아 응시하며, 사지의 각 부분을 같은 정도의 힘으로 사용하는 것을 배워야 한다. 아기는 초기에 필요한 모든 기예들 가운데 삶에 필요한 가장 고차원적이고 가장 어려운 기예(Kunst), 즉 그 어떠한 방탕과 방해 및 저지에 직면하여서도 자기 삶의 궤도의 중심점과 연결점을 고수하는 기예를 배워 일찍부터 응용하고 실행해야 한다.

20

아기가 최초로 밖으로 드러내는 것은 힘(Kraft)의 표출이다. 아이에게 힘이 가해지면 그에 대항하는 힘이 생겨난다. 아이가 처음으로 소리를 지르든지, 발에 부딪치는 것을 걷어차든지, 자그마한 손에 잡히는 것을 꼭 쥐든지 하는 것은 모두 자신에게 다가오는 힘의 작용에 대항하는 힘(Gegenkraft) 때문이다. 그 뒤 얼마 지나지 않아 이렇게 대항하는 힘과 더불어 인간 공통의 감정(Gemeingefühl)이 아이의 마음속에 발달한다. 아이가 쾌적한 온도에서 밝은 빛을 받으며 상쾌한 공기를 마시면서 웃음 짓고, 만족해하며, 기뻐하고, 움직이는 것은 모두 이러한 감정에서 나오는 것이다. 이것이야말로 인간의 가장 이른 시기에 어린이에게서 자의식이 움트기 시작하는 것이다. 따라서 어린이 내지는 인간의 삶 최초의 감정 표출은 편안함과 불안, 쾌감과 고통, 웃음과 울음이다. 편안함과 쾌감 및 웃음은 유아기 어린이의 감정 가운데 어린이의 본질 또는 인간의 본질을 순수하고 완전하게 발달시키는 데 합당한 것을, 즉 어린이의 삶 내지는 어린이로서의 인간 삶에 적합한 것 모두를 특징적으로 보여 준다.

아이의 첫 교육을 맡은 사람은 돌보고 순수하게 지키는 일을 반드시 이와 같은 점들과 연결시켜야 한다. 또한 삶을 전개해 나가고 고양하는 일 역시 이와 같은 것에 결부되어야만 한다. 불안함과 고통과 울음이 최초로 나타나는 경우는 유아기 인간의 발달에 방해가 되는 모든 것을 나타낸다. 교육의 작용은 추수적(追隨的)이기는 하지만 억제하고 제거하는 방식으로 이러한 것들과 결부되지 않으면 안 된다. 인간 발달에 방해가 되는 것들의 근거와 원인을 찾아내어 제거하기 위해 노력하고 애써야 하는 것이다. 최초로 나타난 울음과 불안 및 울부짖음은 사실 본질적으로 어린이의 아집(Eigensinn)이나 완고함(Eigenwille)과는 관계가 없다.

그렇지만 아이의 아집이 상당히 이른 시기에 생겨나기는 한다. 성숙한 인간의 모습을 거의 내보이지 못하는 어린아이에게서도 – 어떤 방식으로, 어느 정도 그렇게 되는지를 아직 입증할 수는 없지만 – 자신에게 불안감과 고통을 야기하는 것이 고의성이나 부주의 또는 태만함에 달려 있다는 감정이 생기면 바로 고집이 싹트기 시작한다. 그런데 이 불행한 감정이 일단 어린이에게 접목되고 나면 모든 결함 가운데 그 시초이자 가장 추한 결함인 아집 또한 생겨나게 된다. 그렇다. 아이와 그 주변 사람들을 파괴할 수도 있는 이 결함이 그때 이미 어린아이 속에서 탄생하는 것이다. 그런데 이러한 아집은 인간이 지닌 그 어떤 더 나은 자질을 훼손시키지 않고는 몰아내기 어려운 결함이다. 이 결함은 얼마 가지 않아 허위, 기만, 오만, 고집, 그리고 후에 생기게 되는 그 모든 서글프고 추한 결함의 모체가 된다.

그러나 다른 올바른 길로 나아가는 경우에도 그 방법과 형식에서 과오를 범할 수 있다. 인간은 본질적으로 또는 그 사명에 따라 보잘것없는 사소한 고뇌를 견뎌 내는 일부터 파멸을 위협하는 고뇌와 부담을 이겨 내는 일에 이르기까지 충분히 도야되지 않으면 안 된다. 따라서 만약 부모나 주변 사람들이 울고 있을 뿐만 아니라 전혀 안정되지 못한 아이에게 지금 그가 필요로 하는 것이 충분히 주어져 있으며 또 아이의 상태에 해가 되거나 앞으로 불리해질 수 있는 것이 모두 제거되었다는 점을 확신한다면, 울고 있으며 안정되지 못한 아이, 울부짖고 있는 아이가 잠잠해질 때까지 그대로 내버려 두는 것이 좋을 것이다. 왜냐하면 어린이가 사소한 불편함을 고통스럽게 여겨 타인의 동정이나 관심을 받으려는 시도가 한 번이라도 있었거나 혹은 그런 일을 반복하려 한다면 부모나 주위 사람들은 아주 많은 것을 잃게 되는데, 이렇게 잃게 된 것들은 억압을 통해서도 결코 다시 찾을 수 없기 때문이다.

작고 보잘것없어 보이는 존재인 어린아이라도 주변 사람들의 약점에 대해서는 매우 예민한 감각 및 제대로 된 명민함을 지니고 있다. 그래서 타인의 약점이 자신에게 기회를 제공하자마자 본래 자기에게서 생동적으로 작용하던 힘을 쉽게 주변 사람을 지배하는 쪽으로 사용한다. 그에 따라 스스로 참고 견뎌 내며 행동하면서 자기 자신을 표현하거나 계발하는 데 소홀해지는 것이다.

이제 막 태어난 이 단계의 인간은 젖먹이(**Säugling**)라고 불리는데 이는 그 말의 완전한 의미 자체에서 역시 그렇다. 왜냐하면 빨아들이는 일은 아기가 그나마 할 수 있는 유일한 활동이기 때문이다. (아기가 그를 둘러싼 사람들의 상황을 흡입해 들이는 것은 아닐는지?) 또한 아직은 완전히 자신 안에 머물러 있는 상태인 울거나 웃는 것 같은 표현 역시 빨아들이는 활동에 직접적이고 불가피하게 수반되는 작용이기 때문에 그렇다. 이 단계의 인간은 오로지 외부의 다양성을 받아들여 그것을 자기 속에 흡수한다. 즉 이 단계의 인간은 빨아들이는 존재다. 이 시기 아기의 존재 전체는 자기 것으로 받아들여 수용하는 눈(Auge)

에 불과하다.

그러므로 이러한 인간 발달의 최초 단계는 이미 인간에게 있어, 즉 인간의 현재와 미래에 있어 말로는 표현하지 못할 정도로 매우 중요하다. 이 단계의 인간이 병적인 것, 천한 것, 애매한 것, 말하자면 나쁜 것은 일체 빨아들이지 않는 일은 인간의 현재와 미래의 삶에 극히 중요한 의미를 지니는 것이다. 따라서 어린이를 둘러싼 사람들의 눈초리와 표정은 순수하고 확고해야 하며, 어린이의 신뢰를 불러일으키고, 어린이를 보살펴 키우는 데 충분해야 한다. 모든 환경 자체가 순수하고 투명하지 않으면 안 된다. 비록 그 공간이 다른 점에서는 다소 빈약하더라도 맑은 공기와 밝은 빛, 그리고 깨끗한 공간이 필요하다. 왜냐하면 유감스럽게도 인간은 아동기 때 흡수한 것과 청소년기에 받아들인 인상들을 평생 동안 거의 극복하지 못하기 때문이다. 이는 어린이의 존재 전체가 이른바 그 어떤 커다란 눈처럼 여러 다양한 인상들에 대해 열려 있으며 주변 환경으로부터 무조건 받아들이기 때문에 그렇다.

성인이 된 인간이 자기 자신과 벌이는 가장 치열한 싸움이나 그 이후의 극히 불행하고 가혹한 운명의 원인은 종종 이 발달 단계(유아기)에 그 뿌리를 두고 있다. 그래서 유아의 보육이 이다지도 중요한 것이다. 자기 자녀 중 어떤 아이는 모유로 키우고 또 어떤 아이는 다른 사람 손에서 성장하게 한 후 이 둘의 삶의 표현을 주의 깊게 고찰한 어머니들은 이 점을 확실하게 알 수 있다. 또한 어린아이가 처음으로 짓는 미소가 그들의 삶에 지극히 결정적인 시기 내지는 발달 단계를 구분 짓는데, 결코 그 이상은 아니겠지만, 그것이 적어도 가장 첫 신체적(물리적) 자기 발견의 표현이라는 사실을 어머니들은 알고 있다. 아기의 첫 미소는 단순히 신체적 자아 감정(Selbstgefühl) 또는 자기 고유의 감정(Eigengefühl)에 근거하고 있을 뿐만 아니라, 먼저 어머니와 자식 사이, 그다음엔 아버지와 형제자매 사이, 그리고 그 이후에는 형제자매와 사람들 및 아기 사이에 생겨나는 신체적이며 보다 고차원적 공통 감정(Gemeingefühl) 속에 그 근거를 갖고 있기 때문에 그렇다.

21

공통적인 것 혹은 결속이라 하는 이 최초의 감정은 우선 아기를 어머니, 아버지, 형제자매와 결합시키는데, 이 감정의 근저에는 보다 높은 정신적 통일성이 자리하고 있다. 아버지, 어머니, 형제자매, 그리고 다른 사람들이 그 어떤 더 높은 것, 즉 인류나 신과 유대감 및 일체감을 느끼고 인식한다는 확실한 지각은 나중에 이 고차원적인 정신적 통일성과 결합된다. 이 공통 감정이야말로 모든 참된 종교성, 즉 영원함이나 신과의 완전한 결합을 추구하는 모든 참된 노력의 발아(發芽)이며 가장 최후의 정점이다.

위기에 처하거나 투쟁의 한가운데에서, 압박과 곤궁 속에서, 그리고 쾌락과 기쁨 속에서도 입증되는 순수하고도 진실한 생동적 신앙이 젖먹이 시절의 인간에게 다가오지 않으면 안 된다. 왜냐하면 유한한 것에서, 즉 인간에게서 현존하여 나타나는 이 신성함의 생성 자체가 신성함과 신으로부터 나온 것임을 유아들이 일찍부터 막연한 예감으로 의식하고 있기 때문이다. 그렇기에 이 희미한 예감, 다시 말해 옅은 회색보다 더 흐릿한 이 의식은 일찍부터 인간 안에서 육성·강화되고 배양되어 나중에는 명확한 의식으로까지 고양되고 순화되어야만 한다.

그러므로 자신과 아기 모두에게 공통되는 하늘의 아버지께 아버지다운 보호와 사랑으로 충만한 섭리를 바라는 내면의 영혼이 가득 찬 눈빛으로 어머니가 잠이 드는 아기를 부드럽고 편안한 잠자리에 눕힐 때, 그것은 남몰래 지켜보는 사람에게 깊은 감동을 주는 것은 물론이고 그 아이에게도 영원한 구원과 축복을 가져다준다.

아기에게 휴식과 힘을 주신 것을 기뻐하면서 어머니가 자신과 아기의 아버지이신 신에게 은밀한 감사의 눈길을 던질 때, 또한 감사의 기도를 드리면서 기쁜 듯 미소 지으며 조용히 잠을 깬 새로 태어난 아기를 잠자리에서 안아 올릴 때, 그것은 이 광경을 보는 사람들을 감동시켜 최상의 즐거움을 주게 될 뿐만 아니라 그 아기의 현재 및 미래의 삶에 중대한 축복이 된다. 그뿐만이 아니다. 그것은 장차 닥쳐올, 어머니와 아기가 공동으로 생활하는 시기 전체를 통해 가장 바람직한 영향력을 갖는다. 그러므로 참된 어머니는 잠이 드는 아기를 잠자리로 옮기는 일이나 잠에서 깬 아기를 잠자리에서 안아 올리는 일을 다른 사람에게 맡기기를 기꺼워하지 않는다.

이렇듯 어머니에게서 양육되는 아기는 인간적으로나 지상적으로나 천상적으로 훌륭한 잠자리를 얻게 된다. 기도가 잠자리를 준비하는 것이다. 인간은 신을 통해 모든 현상의 시발점인 동시에 궁극적인 연결점인 신의 품속에서 편히 쉰다.

만일 아버지나 어머니가 아이들에게 절대 흔들리지 않는 발판을, 결코 사라지지 않을 연결점을 인생 최고의 선물로 마련해 주고 싶어 한다면, 부모와 아이들은 항상 내면적으로나 외부적으로 하나가 되어 나타나야만 한다. 즉 조용한 방이나 혹은 탁 트인 자연 속에서 아버지이신 신에게서, 그리고 기도 안에서 일체가 되는 것을 느끼고 인식하게 될 때 그들은 항상 내적 · 외적 측면에서 하나로 결합되어 나타나는 것임에 틀림없다. 어느 누구도 아이들이 그런 일을 이해할 수 없을 것이라고 생각을 해서는 안 된다. 왜냐하면 그런 말을 하는 사람은 어린이에게서 최상의 것을 앗아가기 때문이다. 아이들이 이미 감당하기 힘들 정도로 거칠어지지만 않았다면, 또한 자기 자신이나 부모로부터 지나치게 소원해지지만 않았다면 그들은 이러한 사실을 이해하고 있는 것이며 또 이해할 수 있게 된다.

아이들은 개념에 의해서나 개념 안에서 그러한 결합을 이해하는 것이 아니라, 자신의 내면을 통해, 그리고 내면 안에서 그것을 이해한다. 종교성, 즉 삶과 인간의 심정이 어떠한 상태나 상황에 처하더라도 항상 신 안에서, 그리고 신과 더불어 존재하게 되는 내면적 삶은 이처럼 어릴 때부터 인간과 함께 성장한다. 이 이후의 시기에는 완전한 힘으로 충만한 삶을 고양하는 것이 지극히 어렵게 된다. 또 인생의 어떤 폭풍이나 어려움에서도 이와 같이 싹트고 육성된 종교적 감성은 승리를 거두게 될 것이다. 이것은 부모가 일찍부터, 아니, 가장 이른 시기에 보여 준 종교적 모범 행위가 가져다주는 성과다. 비록 어린이 자신이 그것을 의식하지 못하고 자기 안으로 받아들이지 않는 것처럼 보이는 경우에도 그렇다. 그러므로 부모가 생동적인 모범을 보였을 경우에는 항상 그렇게 될 수밖에 없다.

22

그런데 인간의 발달이 어느 한 점에서 연속적으로 진전하는 것이라면, 또 항상 연속적으로 진전하는 것으로 인식되고 고려되는 것이라면, 그것은 인간 안에 있는 신성함과 종교적인 것, 그 자체의 형성에 매우 중요할 뿐만 아니라 인간의 형성 전체에도 지극히 중요하다. 따라서 연속적으로 진행되어 나아가는 인간의 발달 과정에서 너무 명확한 한계와 대립점들을 제시하는 일, 그리고 이를 통해 항상 변함없이 진행되는 것을 생동적으로 연결 짓는 삶의 핵심이 전혀 고려되지 못할 경우 그것은 전체적인 인간 형성에 본질적으로 해롭고 억제적이며 파괴적인 작용을 하게 된다.

그러므로 인간의 발달 단계, 즉 유아→아동→소년→청년→성년→노년이 되는 과정을 빈틈없이 서로 겹치며 진행되는 연속적인 변화 과정으로 보지 않고 명확히 구분된 별개의 단계들로 생각하는 것은 매우 해롭다. 아동기와 소년기를 청년기나 성년기와 분리된 완전히 다른 단계로 생각하는 일은 인간존재를 개념이나 오성, 언어를 통해 이해하려는 시도로서 삶에서나 또는 삶을 위해 나타나는 내용들은 거의 고려하지 않는 것이다. 그럼에도 현실적으로 발달 단계는 구분되어 있다. 왜냐하면 우리가 일상적으로 하는 말과 생활상을 살펴보면 나타나는 그대로의 유아기와 아동기는 완전히 분리되어 있기 때문이다.

사람들은 후기 단계들이 앞서 간 단계들에 완전히 낯설고 전적으로 다르다고 말한다. 소년은 자신에게서 더 이상 아동의 모습을 보지 못하고, 아동은 자신에게서 소년의 모습을 보지 못한다. 청년은 자신에게서 더 이상 소년과 아동의 모습을 보지 못하고, 소년기와 아동기에서는 청년의 모습을 보지 못한다. 청년은 아동과 소년이야말로 물러가라는 듯 고상하게 이 두 시기를 뛰어넘어 내다본다. 그런데 가장 해로운 점은 특히 성인이 자신에게서 더 이상 유아, 아동, 소년, 그리고 청년의 모습을, 즉 앞서 간 발달 단계의 모습들을 더 이상 전혀 주시하지 않으면서 그 시기의 자기 모습을 찾아보려 하지 않는다는 것이다. 성인들은 오히려 아동이나 소년 및 청년이 마치 전혀 다른 종류의 존재, 즉 전혀 다른 본성과 성향을 지닌 존재인 양 논하고 있다.

이처럼 발달의 각 단계를 서로 분리해 대조하는 일, 즉 각각의 발달 단계에 엄격한 경계선을 긋는 일은 고유한 삶의 발전과 자기 존중에 대한 관심이 일찍 시작되어 지속적으로 이어지지 않았기 때문에 생긴 것이다. 그런데 이렇게 발달 단계를 분리하여 구분하는 일은 인류의 발전과 지속적 형성에 형언키 어려운 불행과 억제 및 방해를 가져온다. 이런 점에 대해서는 그저 암시될 수 있을 뿐이지 상세히 논의될 수 없다. 단지 말할 수 있는 것은 이렇게 외부로부터 영향력을 행사하는 자에 의해 설정된 경계를 파괴하는 데 유일하며 비범한 내면의 힘이 필요하다는 점이다. 그러나 이 경우에도 항상 그 어떤 엄청난 비약을 통해, 즉 다른 부분의 발달을 파괴하거나 최소한 그것을 방해 내지는 저지하는 행위를 강행함으로써만 그런 일이 일어날 수 있다.

따라서 발달 단계의 어느 부분에서 이와 같은 경험을 했던 사람의 삶의 표현은 모두 무언가 삶 전체에 극히 부자연스런 것을 지니고 있다. 만일 부모가 인간의 모든 연령 단계와 발달 단계를 잘 관찰하고 유의함으로써 몇몇 단계를 뛰어넘거나 완전히 무시하지 않게 된다면 여러 측면에서 얼마나 완전히 달라질 것인가. 또 앞서 간 삶의 단계 모두가 완성적으로 고유하게 발달해야지만 그다음에 이어지는 각각의 단계에서 활기차고 완전하게 발달하고 형성하게 된다는 점을 특히 부모들이 주목한다면 모든 면에 걸쳐 얼마나 많이 달라질 것인가. 이것이야말로 부모들이 쉽사리 간과하고 거의 언제나 유의하지 못하는 점이다. 그래서 부모는 인간이 소년의 연령에 도달하면 소년이 되었다고, 그리고 청년과 성인 연령에 도달하면 청년이나 성인이 되었다고 간주한다. 그러나 사실은 소년과 청년이 소년이나 청년의 연령에 도달했기 때문에 소년과 청년이 되는 것이 아니라, 그가 정신과 심정 및 신체의 요구에 충실하게끔 자신의 아동기와 소년기를 살아왔기 때문에 소년과 청년이 되는 것이다. 이와 마찬가지로 성인이 되는 것은 성인의 연령에 도달했기 때문이기보다는 단지 자신의 아동기와 소년기 및 청년기의 여러 요구를 충분히 충족시켰기 때문인 것이다.

부모와 아버지들은, 다른 점에서는 통찰력이 상당히 풍부하고 유능할지라도, 아동기의 어린이에게 이제는 소년이나 청년답게 행동할 것을 요구한다. 특히 소년기의 어린이는 적어도 성인답게 행동할 것을, 그가 보여 주는 태도나 언동 모두에서 즉각적으로 성인이 됨으로써 소년기와 청년기를 뛰어넘을 것을 요구한다. 아동이나 소년에게서 미래의 청년과 성인의 싹이나 소질 및 윤곽을 보게 되어 그것을 존중하는 것과 소년을 이미 성인으로 간주하고 취급하면서 벌써부터 청년이나 성인답게 자신을 내보이고 느끼며 사고하고 행동할 것을 요구하는 것은 서로 전혀 다른 일이다. 이러한 것을 요구하는 부모나 아버지들은 다음과 같은 점들을 간과하고 있거나 아예 잊고 있다. 즉 부모 자신은 아이들에게 뛰어넘으라고 요구하는 여러 단계들을 어떤 연관 관계에서든 본성에 따라 충분히 살아온 덕택에 유능한 부모 내지는 아버지가 될 수 있었다는 점을 망각하며 간과하고 있다는 것이다.

이처럼 앞서 간 시기, 특히 가장 이른 시기의 발달 단계를 뒤에 있을 발달 단계와 무리하게 연결 짓고자 하거나 또는 이전의 단계가 지니는 가치를 전혀 인정하지 않는 것은 소년이 미래에 만나게 될 교사에게 거의 극복할 수 없는 어려움을 준다. 왜냐하면 그런 상태에 처한 소년은 이전의 발달 단계에서 행해진 수업이란 언젠가는 모두 완전하게 뛰어넘을 수 있는 것이라고 생각하게 될 수 있기 때문이다. 이 경우 만일 그에게 일찍부터 어떤 목표, 그것을 모방하고 추구하게 하는 외부로부터 주어진 그에게 낯설기만 한 목표가 있다고 한다면, 예를 들어 특정한 관직이나 활동 분야를 위한 양성(Ausbildung)과 같은 목표가 주어져 있을 경우에는 그에게 극히 해로우며 특히 무력화하는 영향을 주게 된다.

아동이든 소년이든 간에 인간은 각각의 발달 단계에서 그 단계가 요구하는 것을 완벽하게 추구하는 것 이외에 어떠한 일도 해서는 안 된다. 그래야만 건강한 줄기에서 새로운 가지가 싹터 나올 것이고, 이 가지는 또다시 각각의 다음 단계에서 동일한 노력을 통해 그 단계가 요구하는 것을 완성하는 것처럼 뒤에 계속될 각 단계가 발달할 것이다. 왜냐하면 이미 앞서 가는 각각의 이전 단계에서 인간이 충분히 발달해야만 뒤에 계속될 늦은 단계의 발달 역시 충분하고 완벽하게 이루어지기 때문이다.

23

이와 같은 내용은 특히 외형적 산물을 산출해 내는 인간의 활동성을 발달시키고 육성하는 일과 연관되어 있는 취업 및 근면함을 위해 고려되지 않으면 안 될 중요한 점이다.

노동과 근면성, 그리고 외부적 생산을 위한 활동인 취업에 대해 인간은 현재 일반적으로 다음과 같은 개념, 즉 완전히 잘못된 외형뿐이어서 근거가 빈약한 죽은 개념을 가지고 있다. 삶을 소생시키거나 기르지 못하며, 더 나아가 삶의 맹아조차 간직하지 못해 삶에 부담을 주고, 또 삶을 질식시키고 경멸하며 발달을 저지하는 죽은 개념을 가지고 있는 것이다.

신은 쉬지 않으며 연속적으로 창조하고 활동한다. 신

의 생각은 하나하나가 작품이고 업적이며 산물이다. 신의 생각은 어느 것이나 창조하는 힘에 의해 생산하고 표현하면서, 또 업적과 행위를 창조하면서 영원히 작용하고 있다. 이러한 점을 아직 모르는 사람은 예수의 삶과 활동을 주시해 보라. 진실하게 살고 있다면 인간의 순수한 삶과 활동을 보고, 자기 자신의 고유한 삶과 활동 자체를 보라.

신의 정신이 아직은 형식이 주어지지 않은 것과 형태가 없는 것 위에 떠다녔고 그것을 움직였다. 광물과 식물, 그리고 동물과 인간은 형식(Form)과 형체(Gestalt), 현존재(Dasein) 및 삶(Leben)을 얻었다. 신은 인간을 자신의 모상 그 자체로 창조했다. 그러므로 인간은 신과 마찬가지로 창조하고 활동해야만 한다. 즉 인간의 정신은 아직 형식을 부여받지 않은 것과 형체를 받지 않은 것 위에 떠다니며 그것을 움직여 형체와 형식이 나타날 수 있도록 해야 한다. 다시 말해 존재와 삶을 자신 속에 짊어지는 자가 나타날 수 있도록 해야 한다. 이것이야말로 우리가 진정으로 지칭하여 이름 붙인 노동과 근면 및 활동과 창조의 높은 뜻이요, 깊은 의미이며, 또한 위대한 목적이다.

우리는 명확한 사상 혹은 그에 대한 극히 가냘픈 예감을 통해, 아니 단지 그것에 대한 직접적이고 생생한 감정에 동반되는 노력과 근면을 통해, 또 그러한 작용과 행위를 통해 안에 있는 것을 밖으로 표현해 낸다. 우리는 또한 그러한 것들을 통해 정신적인 것에 신체를, 사유된 것에 형상을, 보이지 않는 것에 가시성을, 영원한 것, 즉 정신 안에 살고 있는 것에 유한하고 일시적이며 외형적인 현존을 부여하는 것이다. 이를 통해 우리는 진정으로 신의 모습을 닮게 된다. 그리고 신의 모습을 닮음으로 해서 우리들은 점차 신을 올바로 인식하고 신의 본질을 통찰하도록 고양된다. 이렇게 하여 신은 내면적으로나 외적으로 우리들과 더욱더 가까워진다.

그러므로 이런 연관성에서 예수가 "하늘나라는 가난한 자의 것이다"라고 말한 것은 가난한 자들이 이 내용을 통찰·인식하여 노력과 근면, 그리고 활동과 창조를 통해 이를 실행하기만 하면 영원한 진리인 것이다. 하늘나라는 또한 어린이들의 것이다. 왜냐하면 어른들의 잘난 척이나 몰상식이 어린이들을 교란시키지만 않는다면, 어린이들은 어린이다운 신뢰를 바탕으로 자신에게서 작용하고 있는 형성 충동과 활동 충동에 기꺼이 스스로를 맡기기 때문이다.

인간이 노동하고 활동하며 창조하는 것은 단순히 신체를, 즉 정신의 외피를 유지하기 위한 것이란 생각이 용납될 수는 있어도 그것을 전수할 수 없다. 다시 말해 오로지

의식주를 얻기 위해서라는 사상 내지 망상은 인간을 무시하는 것으로 그저 용납될 수는 있겠지만 이런 생각을 유포하거나 전수할 수는 없다. 그럴 수 없는 것이다. 인간이 창조 행위를 하는 것은 본래 자신 안에 존재하는 정신적인 것과 신성함을 밖으로 형성해 내고 그로 말미암아 자신의 독자적인 정신성과 신성함의 본질 및 신의 본질을 인식하기 위한 것이다. 그러므로 이러한 창조 행위를 통해 인간에게 주어지는 의식주는 여분의 것이고 별로 중요하지 않은 부산물이다.

예수는 "너희는 먼저 신의 나라를 구하라"고, 즉 여러분의 삶을 통해 신성함을 표현하도록 노력하라고 말한다. 그러면 유한한 생명이 필요로 하는 모든 것이 저절로 주어진다는 것이다. 그래서 예수는 "내가 신의 의지를, 즉 신이 나에게 의탁한 것을 그대로 행하고 창조하며 실현하는 것이 나의 양식이다"라고 말한다. 그러니 인간의 눈으로 보기에는 들에 핀 백합이 일을 하지 않지만, 신은 백합을 영화를 누린 솔로몬보다 훨씬 더 찬란하게 꾸민다. 백합은 잎을 뻗어 내고 꽃을 피우지 않는가? 어떤 모습으로라도 백합은 신을 알리고 신과 신의 본질을 표현하지 않는가? 인간의 눈으로 보면 하늘을 나는 새들은 씨를 뿌리지 않고, 인간의 생각에 따르면 일을 하지 않는다. 그러나 새들이 노래하고 둥지를 지을 때 각각의 표현을 통해, 즉 수백 수천 가지의 다양한 행동을 통해 신이 그들에게 부여한 정신과 생명력을 표현하지 않는가? 그러므로 그들을 키우며 붙들고 있는 것은 신이다.

따라서 인간은 항상 들판의 백합과 하늘을 나는 새로부터 신이 부여한 본질을, 그것이 비록 이 순간에는 제아무리 작고 보잘것없거나 제아무리 크고 중요할지라도, 행위와 작품, 그리고 형체와 소재에서 장소, 때, 지위 및 직분이 요구하는 방식으로 외부에 표현하는 것을 배워야 한다. 이때 인간은 자신의 생계에 대해 걱정할 필요가 없게 된다. 신이 그에게 무수한 방법을 가르쳐 줄 것이고, 인간은 자신의 정신 능력을 사용해 기회가 닥칠 때마다 그 어떤 수단과 방법을 자신의 안팎에서 확실하게 찾아낼 것이다. 더구나 지상의 필요를 충족시키기 위해 그 이상의 것을 필요로 하지는 않는 법이다. 비록 인체의 외적인 것이 소멸하는 일이 있더라도 인내를 통해 결핍을 없애고자 하는 인간 내면의 신성한 힘은 모자람 없이 그들에게 남아 있을 뿐만 아니라 오히려 증가하게 된다.

그런데 모든 정신적 작용은 유한한 것에서 일어나는 현상으로서 시간의 계기, 다시 말해 점차적이거나 이어지는 방식을 전제로 하기 때문에 다음과 같은 일은 결코 피할 수 없게 된다. 인간은 삶의 어떠한 시기에, 가깝고 멀거나 이르고 늦은 것은 상관없이, 신성한 자신의 힘을 자기 밖으로 형상화하거나 그 어떤 작품으로 고양하는 일을 게을리할 수 없다. 혹은 적어도 작품과 행위를 위해 자신의 힘을 전개하는 노력을 게을리할 경우 결핍에 봉착하게 됨을 피할 수 없다. 인간이 자신의 힘을 전개하는 일에 소홀할 경우에는 자기 직분에 항상 충실하고 신의 힘으로서의 자기 힘을 사용했었더라면 최소한 받을 수도 있었던 것을 어떤 시점에서 받지 못하게 되는 것이다. 왜냐하면 우리들이 맞춰 살고 있는 지상의 법칙 내지는 세계의 법칙에 따를 때 소홀했던 활동의 소산이 나타나야 할 시점이 와야만 하기 때문이다.

아무튼 마땅히 해야 할 일과 활동을 소홀하게 했을 때 어떻게 그에 대한 소산이 생겨날 수 있겠는가? 어떤 시기에 생겨나는 이러한 결핍에 대해 인간은 다음과 같은 일을 해내야만 한다. 즉 자신의 정신력의 두 번째 측면인 체념과 인내를 활성화하여 결핍 자체가 사라지게 하고, 또한 활동을 통해 미래에는 이와 같은 결핍을 피할 수 있도록 최대한 열심히 일하는 것이다.

그러므로 지상에 나타난 인간, 이른바 싹트고 성장하기 시작한 인간이 어릴 때부터 외형적 작품을 만들기 위한 활동에는 이중의 근거 내지는 이중의 불가결한 요구가 포괄되어 있다. 결국 생산을 위한 활동을 영위하도록 성장해야만 하는 데에는 내면적인 요구와 외부적 요구가 포괄되어 있다. 그리고 내면적 요구는 그 자체 안에 외부적 요구를 포함하고 있기 때문에 극히 중요하고 영원한 요구다. 인간의 본성 자체 또한 이것을 요청하고 있다.

유아의 감각기관과 사지의 활동은 그 첫 번째 움이고 최초의 신체 활동은 그 싹이다. 놀이를 하거나 나무토막을 쌓거나 형태를 만들어 내는 최초의 형성 충동은 아동기에 처음으로 나타나는 귀여운 전성기다. 그런데 이 시기야말로 미래 인간의 근로와 근면 및 취업 활동을 위해 자극을 받아야 하는 시점이다. 어떠한 계층이나 상황에 처한 아동, 그리고 그 이후의 소년과 청년이라 할지라도 매일 적어도 한두 시간은 정해진 어떤 작품을 생산하는 활동에 진지하게 몰두하지 않으면 안 된다.

노동을 통한 배움, 즉 생활을 통한 학습이야말로 다른 그 어느 것보다 더 활기찬 학습이요, 가장 구체적 학습으로 배우는 사람에게서 더욱더 생생하게 발전해 나가는 학습이다. 그럼에도 불구하고 오늘날 어린이와 인간은 형상이 없는 것과 형태를 갖추지 못한 것을 지나치게 과도하고 잡다하게 배우게끔 서두르면서도 노동을 배우거나 배우도록 재촉하는 일은 거의 하지 않는다. 아이들과 부모는 참된 노동이 오히려 자신에게 매우 불리하며 장래의 상황에 전혀 중요하지 않다고 여긴다. 교육기관들은 이러한 점을 교정하는 것을 확고부동한 임무로 삼지 않으면 안 된다.

현재의 가정교육 및 학교교육은 몸을 움직이기 싫어하고 일을 게을리하는 방향으로 아이들을 인도하고 있다. 그런데 그렇게 하면 인간의 무한한 힘이 발달되지 않은 채 남아 있게 된다. 이루 말할 수 없을 정도로 무한한 인간의 힘이 상실되고 마는 것이다. 만일 현재의 수업 시간과 같은 정도의 올바른 노동교육 시간이 학교교육에 도입된다고 한다면 이와 같은 결함을 시정하는 데 지극히 효과적일 것인바, 당연히 이렇게 되어야 한다. 왜냐하면 인간은 이제까지 자신의 힘을 하잘것없는 데 사용하거나 외적인 측면에만 사용하느라 이 힘이 지니는 내면적이고 외부적인 기준을 상실했기 때문이다. 즉 인간의 힘 자체를 인식하는 것과 그에 대한 존중 및 가치평가 그리고 성실한 배려를 완전히 상실했기 때문인 것이다.

종교교육을 일찍부터 시작하는 것이 대단히 중요한 것과 마찬가지로 참된 취업 활동과 근면을 위한 교육도 일찍 시작하는 것이 매우 중요하다. 노동의 내면적 의의에 합당하도록 지도된 어린 시절의 노동은 신앙을 공고히 하고 고양한다. 생산적 활동을 수반하지 않는 신앙, 즉 노동이 결여된 신앙은 허무한 몽상과 근거 없는 광신, 그리고 내용 없는 환상에 빠지는 위험을 겪게 된다. 마찬가지로 신앙이 수반되지 않는 노동과 생산 활동은 인간을 짐승이나 기계로 전락시킨다. 노동과 신앙은 영원함으로부터 창조된 신이 바로 영원함 그 자체인 것처럼 동시적이다. 인간에게 이러한 점이 인식된다면, 인간이 이 진리에 투철해진다면, 그리고 더 나아가 살아가면서 이 진리에 적합하게 행동하고 활동한다면 얼마 가지 않아 인류가 어느 단계에 이르기까지 고양될 것인가!

그러나 인간의 힘은 신앙이나 신앙심으로서 정체되어 있거나 또는 노동과 생산 활동으로서 밖으로 작용하는 것만은 아니다. 인간의 힘은 또한 자신으로 돌아가고 자신에게서 안식하며 자기를 발달시키고 형성하며 활동해야 한다. 후자의 경우에는 금욕과 절제 및 검소함으로 그렇게 해야 한다. 자기 자신을 완전히 상실하지 않은 사람에게 이러한 점을 암시하는 것 이상으로 무엇이 더 필요하단 말인가? 본래 불가분의 관계에 있는 이 제3자가 근원적으로 결합하여 작용하는 곳, 즉 신앙(**Religion**)과 근면(**Arbeitsamkeit**)과 절제(**Mässigung**)가 서로 일치하여 작용하는 그곳이 바로 지상의 천국이다. 그리고 그곳에 평화와 기쁨 및 구원과 은총, 그리고 축복이 있는 것이다.

그러므로 인간은 어려서부터 그 어떤 전체(Ganzes)로 고찰되고, 아동기 인간의 삶이 통일성 안에서 직관되며, 인간이 미래에 행할 활동 전부는 어린이에게 맹아로 주어져 있다고 간주된다. 이 점은 그래야만 한다. 자신 및 자기 속에 내재하는 인류를 완전히 발현시키기 위해 인간은 이미 어려서부터 지상의 관계 전체성 및 통일성 안에서 직관되지 않으면 안 되는 것이다. 그러나 모든 통일성은 그 출현에서 개별적인 것을 요구하며, 모든 다방면성은 잇닮과 연속성을 전제로 하고, 이를 불가피하게 하기 때문에 세계와 삶 또한 어린이에게서, 그리고 어린이 안에서 오로지 개별적으로 전개되고 또 순서에 따라서만 전개된다. 그러므로 인간의 힘, 소질과 성향, 사지와 감각기관의 활동 역시 어린이 자체에서 그것이 나타나는 필연적 순서에 따라 발달되어야 한다.

24

비록 외부세계 그 자체는 언제나 동일한 대상 및 구조로 구성되어 있기는 하지만 이제 갓 출생한 인간인 유아에게 외부세계란 우선은 안개 자욱하고 형체를 알 수 없는 어둠 및 무질서의 혼돈 상태로 있는 무(無)로 나타난다. 그리고 이때 유아와 외부세계가 서로 마주하게 된다. 그 다음에 이러한 무, 즉 이러한 안개로부터 대상들이 무엇보다 말을 통해 어린이에게 나타난다. 그런데 처음에는 부모, 특히 어머니가 말을 해 주어 아기와 외부세계가 분리되지만 그 뒤에는 이 둘 사이가 다시 결합된다.

외부세계의 대상들이 나타나는 방식 또한 처음에는 드물고 개별적이지만 나중에는 빈번하고 각양각색으로 나타난다. 그리하여 결국 인간 내지 유아 자신은 다른 모든 것들과 명확하게 구분되는 대상으로 마주 서게 된다. 이처럼 모든 사물의 발전 및 창조의 역사는, 성서의 여러 군데서 우리에게 말해 주는 것처럼, 아이가 지상에 태어나는 순간으로부터 어린이 앞에 활짝 열려 놓여 있는 것으로 나타나는 아름다운 자연인 신의 정원에서 자신을 발견할 때까지 인간의 심정과 정신 속에서, 인간 정신의 발달사 속에서, 인간 의식화의 역사 속에서, 어린이 각각에게서, 그리고 어린이들 각각의 경험에서 반복된다.

마찬가지로 후에 어린이 각자에게서 그 본질에 따라 이러한 행위가 반복되는데, 그것과 더불어 인간이 도덕적이고 자유롭게 되며 이성적인 삶이 시작된다. 또 이와 더불어 인류 전체의 도덕성과 자유로움, 그리고 이성적인 태도가 시작되는바, 인간이 자유롭도록 창조되었기 때문에 필연적으로 시작되어야만 했다. 이러한 모든 것, 즉 인류 발달사 전체를 현재의 시점에 이르기까지 또는 적어도 각각의 특정한 시점까지 그 자체에서 인식하고 직관하며 통찰하는 일은 자신의 발달에 주의를 기울이는 심성을 지닌 인간에게 맡겨져 있다. 인간은 누구나 이러한 일을 하도록 요청받고 있다.

따라서 어릴 적부터 각자는 항상 자신의 삶은 물론 낯선 사람 내지는 다른 이의 삶을 신의 법칙에 따라 끊임없이 발전하는 전체로 인식하여 유념하지 않으면 안 된다. 인간은 오로지 이러한 방법으로만 인류 발전의 역사를 이해하는 동시에 자기 자신을, 역사와 현상들을, 자기 고유의 발달에 대한 사실들을, 그리고 자기 고유의 정서와 심정 및 정신의 역사를 이해한다. 인간은 오로지 그렇게 해서만 다른 사람을 이해하는 것이다. 부모가 자녀를 이해하고 아버지나 어머니가 자신의 아이를 이해하는 것도 그러하다.

## 25

내면적인 것을 외부로 드러내고 외적인 것을 내면화하는 일, 그리고 이 양자의 통일성을 발견하는 일이 바로 인간의 사명이 표명되는 일반적이자 외형적인 양상이다. 따라서 외적인 대상 각각도 인식되기 위해, 그 본질과 연관성에서 인정받기 위해 인간에게 나타난다. 이로 인해 인간은 감각을, 즉 앞에서 언급한 요구를 실현시키기 위한 도구인 감각을 지녔다. 이는 또한 감각이라는 독일어 단어(**S**-inn) 철자에 나타나는 그대로 자기활동적(**s**elbsttätige) 내면화(**Inn**erlichMachung)를 남음이 없을 정도로 충분하게 표현해 내고 있다.

그런데 각 대상과 존재는, 아니 모든 것은 오로지 그것과 상반되는 성질을 지닌 것과 결부되거나 또는 반대의 성질을 지닌 것과 합일, 일치, 동등화가 이뤄질 경우에만 인식된다. 대비(對比)되는 것과 결부되거나 합일되는 것이 발견되면 될수록 이 인식은 더욱더 완전해진다.

26

외부세계 대상들은 주로 보다 고체의 상태이거나, 혹은 보다 액체의 상태이거나, 또는 보다 기체의 상태로 인간에게 나타난다. 이에 상응하도록 인간에게는 고체, 액체, 기체 성질을 지닌 사물에 대한 감각이 주어져 있다.

그런데 각 대상들은 보다 정지된 상태에서 나타나거나 혹은 보다 움직이는 상태에서 나타난다. 이에 따라 그에 대한 감각은 각기 두 개의 전혀 다른 기관으로 다시 나뉜다. 그 하나는 주로 정지 상태에 있거나 정지 상태를 수반하는 대상을 인식하는 데 더 작용하는 기관이고, 다른 하나는 이와 반대로 움직이는 상태에 있거나 움직이는 상태를 수반하는 대상을 인식하는 데 더 작용하는 기관이다. 그 결과 기체에 대한 감각은 듣는 기관과 보는 기관으로, 액체에 대한 감각은 맛보는 기관과 냄새 맡는 기관으로, 고체에 대한 감각은 느끼는 기관과 만지는 기관으로 나뉜다.

대비되는 것을 통해 대상을 인식한다는 법칙에 따라 유아에게서는 먼저 듣는 감각인 청각이 발달한다. 이 청각에 의해서, 그리고 청각을 통해서 인도되고 제약되며 부추김을 받음으로써 이후에 시각이 발달하게 된다. 유아기에 이 두 가지 감각이 어느 정도 발달함에 따라 다음과 같은 것이 부모와 유아를 둘러싼 사람들에게 비로소 가능하게 된다. 즉 사물을 그것과 대비되어 있는 것인 단어(**Wort**)에, 그다음에는 가리키는 것(**Zeigen**)에 결부시키는 일이 가능하게 된다. 양자가 가장 긴밀하게 하나가 되도록, 즉 양자가 서로 공존하는 동시에 서로 상대방 안에서 통일된 존재가 되도록 결부시키는 일이 가능해지는 것이다. 그리고 그에 따라 아동이 사물을 직관하도록 이끌고 그 후에는 그것을 인식하도록 하는 일이 비로소 가능하게 된다.

27

감각의 발달이 진척됨과 동시에 그에 상응하는 정도의 신체 사용, 특히 사지의 사용이 유아에게서 발달하게 된다. 그런데 이러한 발달 역시 그 자체의 본성 및 물질계 대상의 속성에 제약된 순서를 따르게 된다.

외부세계의 대상들은 그 자체가 오히려 근처에 정지한 상태로 있으며 그런 까닭에 그 자체를 통해 정지됨(Ruhe)을 요구한다. 또 어떤 대상들은 오히려 운동을 하며 멀어지고 있어 그것을 획득하기 위해서는 손으로 움켜쥐거나 꼭 붙잡을 것이 요구된다. 또 다른 대상들은 고정된 장소나 멀리 떨어진 공간과 연결되어 있어 그것에 접근하고 싶어 하는 사람 스스로가 그 대상으로 이동하거나 그 대상을 자기에게로 이동시키도록 요구한다. 이리하여 앉거나 눕거나 혹은 껴안거나 움켜쥐기 위한 사지의 사용이 발달한다. 서는 것(**Stehen**)은 사지와 신체를 사용하는 일 전체에서 가장 통합적인 것으로서 몸의 중심점을 발견하는 일이다. 이 단계에서 신체적으로 선다고 하는 것은 극히 중요한 의미를 지닌다. 이는 미소 지음 같은 신체적(물리적)

측면의 자기 발견이 초기 단계에서 중요했으며, 또 인간 발달의 마지막 단계에서 도덕적이고 종교적으로 바로 서기가 중요한 의미를 지니는 것과 마찬가지다.

이 발달 단계에서는 태어나 성장을 시작한 지 얼마 안 되는 인간이 신체와 감각기관 및 사지를 사용하는 것에만, 즉 순수하게 이와 같은 것을 사용하고 응용하며 연습하는 일에만 관심을 보인다. 그러나 그런 활동을 통해 생겨나는 것들 때문에 아기가 이렇게 신체와 감각 및 사지를 사용을 하는 것은 아니다. 활동의 산물은 아기와 전혀 상관이 없는 일이다. 좀 더 정확하게 말하자면 아직 유아는 그런 것에 대해 전혀 예감조차 하지 못한다. 그러므로 이 단계에서 자신의 신체가 동반되는 놀이, 즉 손, 손가락, 입술, 혀, 발이 동반되는 놀이 및 눈과 얼굴 표정이 동반되는 놀이가 시작되는 것이다.

그런데 방금 이야기한 것처럼 내면적인 것을 외부로 표현하는 일은 처음에는 얼굴과 신체의 운동에서 나타나는 표정과 사지를 사용하는 놀이의 기초가 되지 않는다. 이러한 표현은 본래 다음 발달 단계에 이르러서야 비로소 나타난다. 눈과 얼굴 표정이 동반되는 놀이는 아기들이 내면적으로 전혀 이유가 없음에도 불구하고 신체를 움직인다든지 특히 눈을 부릅뜨거나 입을 비쭉거리는 것처럼 표정을 바꾸는 습관이 생겨나지 않도록 하기 위해 주어진다. 즉 아기들의 표현으로서 이러한 놀이는 아주 어릴 적부터 표정과 감정 사이에, 신체와 정신 사이에, 외적인 것과 내면 사이에 분열과 분리가 스며들지 못하도록 유의하고 보호하기 위해 주어지는 것이다. 어려서의 이러한 분열과 분리는 거짓 행동을 하도록 하고, 후에는 의지력(Willenskraft)을 전혀 따르지 않게 하며, 또한 더 이상 탈피할 수 없는 가면처럼 인간에게 평생 동안 붙어 다니는 행동 내지 습관이 몸에 붙게끔 한다.

그러므로 활동할 대상이 외부로부터 주어지지 않은 상태의 아이들이 어릴 때부터 너무 오랫동안 침대와 요람 속에 방치되어서는 안 된다. 뿐만 아니라 신체가 허약해지는 것을 피하기 위해서라도 그렇게 해서는 안 된다. 왜냐하면 신체의 허약은 반드시 정신의 유약함을 발생시키는 원인이 되기 때문이다. 신체가 허약해지는 것을 방지하기 위해서는 태어난 아기의 잠자리를 너무 부드러운 재료로 만들어서는 안 된다. 따라서 마른풀이나 해초, 그리고 부드러운 밀짚이나 또는 기껏해야 말의 꼬리털을 넣은 베개가 바람직하지 깃털로 된 베개는 그렇지 못하다. 잠자는 아기의 이불 역시 가벼운 데다 언제라도 맑은 공기가 통할 수 있는 것으로 하는 것이 좋다.

잠들기 전, 그리고 특히 잠을 깨고 난 뒤 정신을 활동시키지 않은 채 잠자리에 그대로 있는 것을 방지하기 위해서는 아기의 눈이 자연스레 도달하는 곳에 활동이 활발한 새를 넣어 흔들거리는 새장을 달아 놓는 것이 가장 효과적이다. 이것은 유아의 감각과 정신적 활동을 사로잡게 되어 유아에게 다방면의 영향을 주게 된다.

## 2. 아동기(兒童期)

28

감각기관과 신체 및 사지의 활동이 발달하여 아이가 자발적으로 내면의 것을 외부로 표현해 내기 시작하면 인간 발달의 젖먹이 단계가 끝나고 아동 단계(**Stufe des Kindes**)가 시작된다. 이 단계에 도달할 때까지는 인간의 내면적인 것이 아직 분화되지 않아 다양성이 배제된 통일성을 지닌다. 말을 하기 시작하면서 인간의 내면적인 것의 표출과 표현이 시작된다. 그리고 수단과 목적에 따라 결합된 다양성의 분화가 인간 내면에서 시작된다. 내면적인 것이 분절하고 분화하여 자기를 외부에 알리고 선포하는 것이다. 인간은 이러한 자주적이고 자발적인 발달을 통해, 즉 자기 고유의 힘을 통해 구체적인 것에서 내면적인 것을 표현하며 구체적인 것을 통해서 자신 밖으로 표현하고 형성해 내려 한다. 이렇게 자주적이고 자발적인 인간의 발달, 즉 내면적인 것을 자기 힘으로 표현해 내는 것은 이러한 형성 과정 단계에 있는 인간을 나타내는 아동(K-in-d)이란 단어에 특징적으로 표현되고 있다.

그런데 아동의 단계, 다시 말해 외적인 것을 통해 내면적인 것을 눈에 보이도록 하며 또다시 이 둘을 합일하여 결합하는 통일성을 찾고자 하는 이 단계에서부터 엄밀한 의미에서의 인간 교육(die eigentliche Erziehung des Menschen)이 시작된다. 즉 신체의 양육과 보호의 측면은 감소되지만, 정신의 보육과 보호의 측면이 증대되는 교육이 시작되는 것이다. 그러나 이 단계에서는 인간 및 인간의 교육이 여전히 어머니와 아버지, 그리고 가족에 위탁되어 있다. 자연을 통하여 그리고 자연에 의하여 토막 나거나 분리되지 않은 전체를 형성하고 있는 부모와 가족의 손에 교육이 위탁되어 있는 것이다. 왜냐하면 이 단계에서는 표현하는 수단인 언어가, 즉 들리는 것으로서만 고찰할 경우 말하기가 아직은 인간으로부터 완전히 분리된 그 무엇이 아니기 때문이다. 아동은 아직 말이 자기 것이라는 사실을 전혀 알지 못하며 인식하지도 못한다. 언어는 자신의 팔과 눈, 혀처럼 아동과 일체가 되어 있으며 아동 자신은 언어에 대해 아직은 아는 것이 없다.

29

사실 인간의 형성과 발달의 여러 단계 가운데 어떤 단계가 더 중요하고 또 어떤 단계가 덜 중요한지 일정한 순위를 확정하거나 결정하는 것은 불가능하다. 물론 보다 빠르거나 가장 빠른 것이 항상 더 중요하다든지 또는 가장 중요한 것이라는 식으로 정해지는 단계의 필연적 출현 방식을 제외한다면 말이다. 각각의 단계는 그 지점과 시기에서 똑같이 중요하다. 그럼에도 아동기 단계는 주위 사람 및 주변 세계와 처음으로 결합하고 합일하는 것의 발달, 그리고 이러한 것들을 해명하고 이해하기 위한 출발점을, 다시 말해 이러한 것들의 내면적 본질을 파악하기 위한 최초의 출발점을 포함하고 있으므로 지극히 중요하다.

아동기 단계야말로 중요하다. 왜냐하면 발달의 도상에 있는 인간에게는 외부세계가 그에게 고귀한 것으로 나타나는지 혹은 고귀하지 못한 것으로 나타나는지가 중요하기 때문이다. 즉 외부세계가 보다 낮은 것이나 죽은 것으로만 나타나는지, 다시 말해 다른 것에 의해 오직 이용되고 소비되고 파괴되며 향락되는 것으로만 나타나는지 또는 자기 목적으로, 높고 생동적인 것으로, 정신적인 것으로, 영혼이 깃든 신성함으로 나타나는지 하는 점이 중요하기 때문이다. 또 외부세계가 그에게 밝고 맑은 것으로 나타나는지 또는 탁하고 흐린 것으로 나타나는지, 즉 인간을 순화하고 고무하는 것으로 나타나는지 혹은 타락시키고 압박하는 것으로 나타나는지가 중요하기 때문이기도 하다. 그리고 더 나아가 인간이 외부세계, 즉 사물과 사실들을 본래의 올바른 관계에서 관찰하고 인식하는지가 중요하기 때문이다.

그러므로 이 단계의 아이들은 모든 것을 틀림없이 정확하게 직관해야 할 뿐만 아니라 틀림없이 정확하며 단호하고 순수하게 나타내야 한다. 더욱이 이러한 일은 여러 사태와 대상 자체에 대해서뿐만 아니라 그것의 본질과 특성에 따라서도 그러해야 한다. 이 단계의 아이들은 대상의 공간과 시간에 대한 관계는 물론 대상 상호 간의 관계 역시 올바르게 나타내야 한다. 즉 각각의 것을 그 올바른 명칭과 낱말로 표시하고 또 각각의 낱말을 그 구성 요소인 말투, 음향, 그리고 폐쇄음에 따라 명백하고 정확하게 발음해야 한다.

인간의 이 발달 단계가 아동기의 인간에게 모든 것을 명료하고 정확하며 순수하게 표시할 것을 요구하고 있기 때문에, 아동을 둘러싼 모든 것이 아동에게 정확 · 명료하고 순수하게 제시되는 것이 필요하다. 또 아동이 모든 것을 정확 · 명료하고 순수하게 직관하고 인식하는 것 역시 본질적으로 필요하다. 이 양자는 불가분의 것으로 서로를 제약하고 있다. 그러나 이 단계에서는 아직도 언어가 말을 하는 사람과 일치되고 있는 것처럼, 언어와 언어에 의한 표현도 말을 하는 아이에게서 표시되는 대상과 일체를 이룬다. 즉 이 단계의 아이들은 신체와 정신, 육체와 영혼의 경우처럼 아직 낱말과 사물을 분리할 줄 모른다. 이러한 것들은 그에게 아직은 하나인 것이고 완전히 동일한 것이다.

이 시기 아이들의 놀이와 놀이 활동이 특히 이러한 점을 보여 준다. 아동은 놀면서 가능한 한 많은 말을 한다. 놀이와 말하기는 아이가 현재를 살아가는 기본 요소인 것이다. 따라서 인간 발달의 이러한 단계에 처한 아이들은 각각의 사물에다 생명력과 지각능력, 그리고 언어능력을 부여한다. 아이들은 자신이 말하는 것을 각각의 사물이 듣는다고 믿는다. 아이들이 자기 자신 안에 있는 것을 외부로 표현하기 시작하기 때문에 돌이나 나뭇조각 또는 농작물이나 꽃을 막론하고 자신을 둘러싼 다른 모든 것에게 동일한 활동성을 부여하는 것이다.

이와 같이 이 단계의 아이들에게서는 그 자신의 삶 자체에서처럼 또 부모와 가족과 함께하는 자신의 삶처럼 자신과 가족에 공통적인 것 및 드높아 보이지 않는 것과 함께하는 삶이 발달한다. 특히 자연 속에서, 그리고 자연과 더불어 존재하는 자신의 삶 역시 마음으로 그렇게 느끼고 있는 것과 똑같은 삶으로 발달한다. 그러므로 특히 자연 안에서, 그리고 자연의 명백하고 고요한 대상과 더불어 살아가는 삶이야말로 어린 시절 삶 전체의 중요한 연관점으로 이 시기에 부모와 가족에 의해 양육되지 않으면 안 된다. 이것은 무엇보다 놀이를 통해, 즉 처음에는 단순히 자연과 더불어 사는 것에 불과한 아이들의 놀이를 장려함으로써 이루어지게 된다.

30

놀이 활동(**Spielen**) 내지 놀이(**Spiel**)는 아동의 발달, 즉 아동기 인간 발달의 최고 단계다. 왜냐하면 놀이는 그 낱말 자체가 말해 주듯 내면적인 것의 자유로운 표현이요, 자체의 필요와 요구로부터 나오는 내면적 표현이기 때문이다. 놀이는 이 단계에 속한 인간의 가장 순수하고 정신적인 소산인 동시에 인간 삶 전체의 모범이며 인간과 모든 사물 속에 들어 있는 내면적인 것, 비밀스런 본성적 삶(Naturleben)의 전형이자 모사다.

그러므로 놀이는 기쁨, 자유, 만족, 자기 내면과 외부의 편안함, 그리고 세계와의 화해를 이뤄 낸다. 모든 선함의 원천이 놀이 속에 있으며 놀이로부터 나온다. 힘닿는 대로 또한 자발적으로 묵묵히 참을성 있게 몸이 지칠 때까지 지속적으로 노는 아이들은 틀림없이 힘차고 과묵하며 타인과 자신의 행복을 위해 헌신적으로 노력하는 인간이 될 것이다. 아동기 삶의 가장 아름다운 표현은 놀이하는 아이 자체가 아니겠는가? 자신의 놀이에 몰두하는 아이, 즉 놀이에 푹 빠져 노는 도중에 잠이 든 아이가 자신의 삶을 가장 아름답게 표현하고 있는 것이다.

이 시기의 놀이는 이미 암시된 것처럼 단순한 장난질이 아니다. 놀이는 지극히 진지한 행위로서 깊은 의미를 지닌다. [그러므로] 어머니들은 아이의 놀이를 돌보고 성장시켜야 한다. 아버지들 또한 놀이를 감싸 주고 지켜 줘야 한다. 인간사에 진정으로 정통한 사람은 침착하고 예리한 시선으로 이 시기의 아이들이 자유롭게 선택한 놀이에서 앞으로 다가올 그들의 내면적 삶을 들여다본다. 이 연령대의 갖가지 놀이는 미래의 삶 전체의 떡잎(Herzblätter)이다. 왜냐하면 바로 어린이의 놀이에서 전인적 인간의 가장 미세한 소질과 내면적 성향이 그대로 전개되고 나타나기 때문이다.

이 세상을 떠날 때까지 인간의 미래 생활 전체는 이 시기의 삶에 그 원천을 지니고 있다. 이 미래의 삶이 맑고 깨끗할 것인가 또는 탁할 것인가, 평온할 것인가 또는 요란할 것인가, 격앙될 것인가 또는 출렁일 것인가, 부지런할 것인가 또는 게으를 것인가, 하는 일이 많을 것인가 또는 적을 것인가, 부질없이 멍청할 것인가 또는 밝고 창조적일 것인가, 놀라 멍하니 구경만 할 것인가 또는 분명하게 직관할 것인가, 형성적일 것인가 또는 파괴적일 것인가, 조화를 가져올 것인가 또는 불화를 가져올 것인가, 다툼을 초래할 것인가 또는 평화를 가져올 것인가는 이 시기의 삶에 그 근원을 지니고 있는 것이다.

부모, 가족, 형제자매, 시민사회, 인류 및 더 나아가 자연과 신에 대한 미래의 관계는 아이들이 고유하게 타고난 소질, 그리고 특히 이 연령대 아이들의 생활 방식에 달려 있다. 왜냐하면 아이들의 생활은 그 자체에서나, 부모 및 가족과 더불어서나 신, 그리고 자연과 함께함에서도 이 시기에 완전한 일체를 이루고 있기 때문이다. 따라서 이 연령대의 아이들은 아름다운 꽃을 보아도 그 꽃 자체가 사랑스러운 것인지, 꽃을 대하는 자신이 기쁜 것인지, 아니면 그 꽃을 어머니나 부모에게 가지고 갔을 때 그들이 느끼는 기쁨인지, 꽃을 주신 사랑스러운 분에 대한 어렴풋한 예감인지를 거의 구분하지 못한다.

이 연령대의 어린이에게서 볼 수 있는 지극히 풍부한 기쁨을 도대체 누가 분석할 수 있단 말인가? 비록 아이들이 수많은 고생과 노력 끝에 어른의 생활로 들어갈 만큼 강해질 수 있다 할지라도 만일 이 연령대의 아이들이 이미 상처를 받고 있거나 또는 상처를 받게 된다면, 만일 이 연령대의 아이에게서 미래의 생활을 위한 떡잎이 손상되었거나 또는 손상될 것이라고 한다면, 성인이 될 때까지의 발달과 형성의 과정에서 기형적인 성장이나 또는 적어도 편향성으로부터 아이들을 보호하는 것이 어려울 뿐만 아니라 매우 힘들게 된다.

## 43

이제까지 고찰하고 관찰하며 주목한 인간의 발달 단계에서 외부세계 내지 외부세계의 대상은 낱말(Wort)과 매우 긴밀하게 연결되고 있으며 또 낱말을 통해 인간과도 지극히 밀접하게 연결되어 왔다. 따라서 이 단계는 주로 인간의 언어능력이 발달하는 단계라고 할 수 있다. 그러므로 아이들이 어떤 행위를 하더라도 그것을 명확하고 순수한 낱말과 결부시키는 일, 그 행위를 명확하고도 순수한 낱말을 통해 표시하는 일은 필수 불가결하다. 어떤 대상, 어떤 사실과 현상, 그리고 그 어떤 사물이든 간에 낱말을 통해야만 비로소 아이들에게 존재할 수 있었다. 그것이 낱말로 표시될 때까지는, 비록 아이의 외적인 눈이 그것을 지각하는 것처럼 보였을지라도, 아직은 아이에게 전혀 존재하지 않았던 것이다. 낱말 자체가 비로소 사실과 현상들을 아이에게 창조한 것이다.

그러므로 낱말과 다양한 사물 및 현상(Sache)은 나무의 고갱이와 줄기, 굵은 가지와 곁가지처럼 완전히 하나된 것으로 나타났고 또 실제로 그러했다. 더구나 대상과 낱말이, 그리고 낱말을 통해 대상과 인간이 이렇듯 긴밀하게 결부됨에도 불구하고, 부모와 교사 모두는 이를 명확히 통찰하지 못해 충분히 고려하지 못한다. 인간 발달의 이 단계에서 각각의 대상은 다른 대상으로부터 분리되어 있다. 또한 각각의 대상과 각각의 전체는 그 자체에서 부분으로 분리되지 않은 상태로 존재한다. 그러나 인간과 사물의 사명이 요구하는 것이란 이것과 달라도 완전히 다르다. 인간은 각각의 사물을 단순한 하나의 전체로서, 그 어떤 분할되지 않은 것으로 간주하지 않으면 안 될 뿐만 아니라, 그와 동시에 전체의 목적을 표현하기 위해 자기 속에서 분리되어 있는 것으로도 간주해야만 한다.

인간은 각각의 사물을 단순히 그 자체만을 위해 존재하고 있는 전체로서 통일성 및 단일성을 지닌 것으로뿐만 아니라, 그것을 보다 고차원적인 공동의 목적을 표현하기 위해 보다 크거나 또는 보다 드높은 전체성의 부분으로도 인식하고 직관해야만 한다. 각각의 사물에 대해 그 외적 관계와 결합에서뿐만 아니라, 표면적으로는 그 사물과 분리된 그 무엇을 통해 내면적 관계 및 내면적 합일 또한 인식되고 통찰되지 않으면 안 되는 것이다.

## 44

그러나 인간을 둘러싼 외적인 것이나 외부세계 전체가 그러한 통일성에서 인식되는 것은 아니다. 그것은 오로지 각 사물과 현상 및 대상에 고유한 본질과 본성에 대한 지식을 통해서만 각각의 독립성과 개성으로 인식된다. 그런데 각 사물이 내면적으로나 외적으로 너무 자신에게 접근해 있으면 인간은 그 사물 내지는 그 사물의 내면적인 것을 인식하기 어렵게 된다. 사물이 외적이건 내면적이건 간에 인간에게 너무 가까이 다가올수록, 즉 그 사물이 외적으로나 내면적으로 인간에세 근접할수록 그것을 인식하는 일이 어렵게 되는 것이다. 가정이나 가족관계에서 발생하는 부모와 자녀 사이의 오해 같은 것이 그러한 사례로서 흔히 볼 수 있는 명백한 증거라 할 수 있겠다.

그러므로 인간이 자기 자신을 인식한다는 것은 도대체가 매우 어려운 일이다. 이에 반해 외적 분리는 때때로 내면적 합일과 발견 및 인식을 가져오게 한다. 그런 까닭에 유감스럽게도 인간은 자신이 사는 지역, 시대, 그리고 자기 자신보다 오히려 낯선 여러 가지 것에 대해, 즉 다른 지역과 시대 및 다른 사람에 대해 더 잘 알고 있다. 자기 자신을 정말 잘 인식하려 한다면 인간은 스스로를 밖으로 표현하지 않으면 안 된다. 다시 말해 자기 스스로를 자신에게 대치시키지 않으면 안 되는 것이다.

그런데 인간이 주어진 사명에 따라 자신을 둘러싼 외부세계의 사물의 본질을 올바로 인식해야 한다면, 아니, 각 사물의 본질을 간파해 내야 한다면, 또한 인간이 각 사물을 통해 자기 자신을 올바로 인식해야 한다면, 아니, 자기 자신을 제대로 간파해 내야 한다면, 인간과 대상을 합일시키는 아동기 단계에 뒤이어 그것과 본질적으로 대립하는 인간 발달의 새로운 단계가 나타나야만 한다. 다시 말해 인간과 대상을 다시 분리하고 외적으로는 서로 대치하지만 내면적으로는 합일 내지 접근시키는 인간 발달의 단계가 나타나지 않으면 안 된다.

이 새로운 단계는 대상과 낱말을 분리하면서도, 대상과 낱말이 각기 상대방으로부터 분리된 것이자 서로 다른 것인 동시에 또한 이 둘을 서로 통합하는 것으로 인식함으로써 대상을 인간에게 내면적으로 접근시키는 단계다. 이 단계는 언어 그 자체가 독립된 것, 그 자체를 통해 성립된 것으로 출현하는 단계다.

낱말이 다양한 사물 및 현상으로부터 또 이러한 사물과 현상이 낱말로부터 분리하게 된다면, 언어가 말하는 사람으로부터 분리되거나 역으로 말하는 사람이 언어로부터 분리된다면, 아니, 후에 기호나 문자에 의해 언어가 외면화되고 구체화되면, 그리하여 언어를 구체적인 것으로 간주하게 되면 인간은 아동의 단계에서 빠져나와 소년의 단계(**Stufe des Knaben**)로 올라간다. 아동(Kind)이란 낱말이 앞서 간 단계를 명확하게 표현하고 있는 것처럼 소년(K-nabe)이라는 낱말은 이 단계를 정확하게 표현하고 있다. 이 단계야말로 인간이 자기 자신의 힘에 의해 외적인 것을 자신에게 접근시키고 그것을 자기 것으로 만드는 단계이다. 여러 가지 표현이 'nahe(가까운)'에서 'genau(정확히)', 'g'nau', 'g'naube' 등을 거쳐 'Knabe(소년)'와 'knapp(밀착된)' 및 'Knappe(기사의 시동)'에 이르는 중간 부분을 가리키고 있다.

## 3. 소년기(少年期)

45

지금까지 다루어 온 인간 발달의 앞선 단계, 즉 아동기는 주로 삶을 위한 단계 내지 삶 그 자체의 단계요, 내면적인 것을 밖으로 나타내는 단계였다면, 지금 다루는 단계, 즉 소년기는 주로 외적인 것을 내면화하는 학습의 단계다.

부모와 교사의 측면에서 보면 유아기는 주로 양육(**Pflege**)의 시기였다. 또 그 이후 뒤따르는 시기, 즉 인간이 주로 통일성으로서, 그리고 통일성을 위해 존재하기를 요구하는 아동기는 주로 교육(**Erziehung**)을 하는 시기다. 방금 말한 소년기 단계는 후에 인간의 내면적 통일성을 이끌어 내기 위해 인간이 주로 개별적 관계에서나 개별적 존재로 있기를 요구하는 단계다. 여기서는 개별적인 것을 위해 그것들이 서로 관계하는 내면적 방향이 탐구되고 증명된다. 그런데 개별적 인간을 그 자신에게서 및 다양한 내면적 방향과 연관 지어 고찰하고 취급하는 것은, 언어 자체가 이미 표시하듯, 수업의 과업이자 본질이다. 따라서 소년기는 주로 수업(**Unterricht**)의 시기다.

소년기에 있어 인간의 발달과 형성 과업은 수업으로 행해진다. 그것은 인간의 본질 자체에 따른 것이라기보다 주로 사물의 본질에 내재하는 일정하고 확고하며 명료한 법칙에 따른 것이다. 인간과 사물은 모두 이 법칙의 지배하에 있다. 좀 더 상세히 언급하자면, 이러한 형성 과업은 보편적이고 영원한 법칙이 인간과 사물에 동시에 공통적으로 나타나는 것과 같은 방식으로 진행되는 것이다. 따라서 그것은 인간 밖에 있는 특유하고 보편적인 형식에 따라 이루어지는 것이다. 이 점에서 보면 이 과업은 지식, 통찰, 사려 깊음, 전체 개관, 그리고 의식을 지녔을 때 비로소 가능한 것이고 또 그래야만 한다.

그런데 이와 같은 방식은 단어의 가장 넓은 의미에서 학교(Schule)라고 불린다. 따라서 학교란 인간이 자기 외부에 있는 대상과 그것의 본질을 그 자체에 내재하는 특별한 법칙 및 보편적 법칙에 따라 인식하도록 인도하는 곳이자 그러한 인식에 도달하는 곳이다. 즉 외적인 것과 개별적인 것 및 특별한 것을 제시함으로써 인간이 보편적인 것과 내면적인 것, 그리고 통일성을 인식하도록 이끌고 또한 그러한 인식에 도달하는 곳이다.

그리하여 소년기의 인간은 학생(Schüler)이 된다. 소년기가 시작되면 인간에게 최초의 학교생활 또한 시작된다. 이러한 일이 집 안이든 집 밖이든, 아버지나 가족에 의해서든, 또는 교사 자신에 의해서든 간에 시작되는 것이다.

그러므로 여기서 학교란 낱말은 교실을 의미하거나 학교의 경영을 의미하는 것이 아니다. 학교는 의도적인 목적에 의해 의식적이고 내면적으로 연관된 지식을 전달하는 곳으로 이해된다.

46

그런데 이제까지 모든 측면에서 나타났었고, 또 지속적으로 나타나는 것이지만, 자신의 사명을 달성하고 자기의 직분을 완수하기 위해 인간이 발달하고 형성되는 일은 끊임없이 연속적으로 진보하는 전체다. 즉 인간의 발달과 형성은 어느 한 발전 단계에서 다음 단계로 언제나 상승을 계속하며 분할될 수 없는 그 어떤 전체다. 젖먹이에게서 환기된 공통 감정(Gemeingefühl)에서 아동의 충동과 경향성이 발달해 나간다. 이 충동과 경향성은 심정(Gemüt)과 심성(Herz)의 형성으로 나아가고, 심정과 심성의 형성에서 소년의 정신과 의지의 활동이 생기게 된다. 이 의지의 활동을 확고한 의지로 높이는 것은, 다시 말해 순수한 사람됨을 먼저 자신에게서, 그리고 자신을 통해 발현하고 표현하기 위해 순수하고 확고하면서도 지속적 의지를 활성화하고 형성하는 것은 이제 수업과 학교에서 소년을 지도하는 주요한 목표이자 관계점이 된다.

47

의지(Wille)는 언제나 정해진 지점으로부터 특정하게 의식된 목표와 목적을 향해 일정한 방향으로 의식적으로 나아가는 정신 활동이요, 인간 존재 전체와 합치하는 인간의 정신 활동이다. 이로써 부모와 보모, 그리고 교사와 학교가 이 연령대의 인간인 소년에게 이와 관련하여 취해야 할 태도와 전해 줘야 할 사항 일체가 언급되고 또 규정된다. 소년의 모든 정신 활동이 생겨나는 이 지점은 힘차고 건전해야 한다. 소년의 모든 정신 활동이 흘러나오는 이 원천은 순수하고 투명하며 영원히 흐르는 것이어야 한다. 그 방향은 단순하면서도 명확해야 하며, 그 목표는 확실하고 단호하며 의식적이어야 한다. 또 그 목표는 본질상 그 자체에 생명을 지니고 있는 것이요, 삶을 발전시키는 것이어야 하며 또한 자신 속에서 삶을 키우고 끊임없이 젊게 하며 향상시키고 고귀하게 하는 것이어야 한다. 그것은 또한 인간의 노력에 부합하는 것, 인간의 직분과 사명에 부합하는 것, 인간의 본질에 합당한 것이어야 하며 인간의 본질을 발전시키고 표현하는 것이어야 한다.

따라서 소년이 타고난 그대로의 의지 활동을 참되고 올바른 의미에서 강인한 의지로 높이기 위해서는 그의 모든 활동과 의지가 내면적인 것의 발달과 형성 및 표현으로부터 나오는 동시에 다시 내면으로 되돌아와 그것과 관계하지 않으면 안 된다. 실례(實例)와 언어, 수업, 그리고 후에는 가르침과 실례가 그것을 위한 방법이며 수단이다. 실례만으로는 의지 강화가 되지 않고 언어만으로도 되지 않는다. 실례만으로 되지 않는다는 것은 실례가 유일하고 개별적인 것으로서 언어를 통해서만 비로소 그 보편성과 실용 가능성을 얻기 때문이다. 언어만으로는 안 된다는 것은 언어가 보편적인 것이요, 정신적인 것으로서 흔히 다의적이기 때문에 실례와 수업을 통해야 비로소 구체성과 그 의미, 그리고 그 존재성을 얻기 때문이다.

그러나 실례와 언어, 그리고 수업과 실례가 통일된 전체로서 작용하는 것만으로는 불충분하다. 순수하고 선량한 심성이 유일한 정답이다. 이 순수하고도 선량한 심성을 형성시키는 일은 바로 아동기의 교육이다. 그렇기에 소년의 교육은 오로지 아동기 교육에 근거하고 있다. 또 그렇기에 의지 활동은 심성과 심정의 활동에서 나오고, 의지의 강인함은 심성과 심정의 강인함에서 생기는 것이다. 앞의 것이 결핍되면 뒤에 생기게 되는 것을 얻기가 매우 어렵게 된다.

49

아동은 가정에서 부모나 가족 구성원들을 보게 된다. 또 일상생활, 특히 자신의 가족이 종사하여 일하고 활동하며 작업하는 생활에서 성인들을 보고 있다. 그래서 이 단계의 어린이는 보고 있는 것을 자신도 표현하고 싶어 한다. 아동은 부모나 성인들이 행하고, 창조하며, 표현하고, 작업하는 내용을 보고 그것 모두를 스스로 표현해 내고 싶어 하며 또 실제로 표현하고자 시도한다. 그렇게 함으로써 아동은 인간의 힘과 사지를 통해 어떠한 표현이 가능한지 인식하게 된다. 예전에는 아동에게 단지 활동을 위한 행동에 불과하던 것이 이제 소년에게는 일을 하기 위한 활동, 즉 생산을 위한 활동이 된다. 다시 말해 아동기의 활동 충동(Tätigkeitstrieb)이 소년에게서는 형성 충동(Bildungstrieb) 내지 조형 충동(Gestaltungstrieb)으로 발전하여 이 시기 소년의 외적 삶 전체가, 즉 삶의 외적 표현이 그러한 충동에서 용해된다. (…)

소년기의 모든 놀이나 작업은 결코 대상을 순수하게 표현하거나 사물 또는 사건을 그저 묘사하는 것이 아니다. 오히려 소년기 아이들의 놀이는 문자 그대로 주로 힘의 단련이자 단순히 자신의 힘을 저울질하는 것이다. 수많은 놀이들이 거의 대부분 자신의 힘을 순수하게 표현한다는 목표를 가지고 있다. 그럼에도 이 시기의 놀이 역시 아이들의 내면적 삶에 완전하게 상응하는 독자적 특성을 지닌다. 즉 앞서 간 아동기에서 활동 자체가 놀이의 목적이었던 것처럼, 이제는 그 목적이 점점 더 명확하고 의식적인 목표로 나아간다. 따라서 이제는 놀이의 목적이 표현 그 자체, 즉 표현되어야 함(das Darzustellende) 그 자체다.

소년들의 자유로운 놀이가 지니는 이러한 특성은 나이가 들어 감에 따라 점점 더 뚜렷해진다. 소년기 놀이의 이러한 특성은 달리기, 두드리기, 씨름하기 같은 신체를 움직이는 놀이에서 뚜렷해진다. 다시 말해 공놀이, 숨바꼭질, 전쟁 놀이나 사냥 놀이에서 뚜렷해지는 것이다. 이렇게 육체를 사용하는 놀이에서 소년은 모든 것을 꿰뚫는 쾌감 및 환호성이 나오는 기쁨으로 충만된다. 또 개인으로나 혹은 집단의 일원으로 의심할 바 없이 확실한 힘의 느낌을 경험하게 된다. 그러나 놀이에서 강력한 원동력이 생기는 힘이란 결코 물리적 · 육체적 또는 신체상의 힘만은 아니다. 결코 그런 것이 아니다. 정신적이고 도덕적 힘 역시 이러한 놀이에서 고양되고 함양될 뿐만 아니라 뚜렷해지고 확실하게 드러난다. (…)

51

인간의 본질은 그 자체가 선하며 실로 인간 안에는 본래부터 선한 속성과 경향성이 존재한다. (…) 자기결정과 자유를 지닌 채 신성한 것과 영원한 것을 실현해 내야 하는 자는 마땅히 지상적인 것과 유한한 것을 행할 수 있어야 하고 또 그렇게 하도록 허락되어야 한다. 신이 자신을 유한한 현세에서 알리고자 했었기 때문에 오로지 유한한 것과 무상한 것, 그리고 그것을 통해서만 그러한 일이 일어날 수 있었다. 그러므로 일시적인 것과 개별적인 것, 즉 유한한 것, 육체적인 것, 신체적인 것 자체를 나쁘다고 하는 사람은 그로 인해 신이 창조한 것, 그에 따라 이루어진 것, 그리고 자연 그 자체를 경멸하는 것이다. 그렇다. 이런 사람은 본래적 의미에서 신을 모독하는 것이다.

마찬가지로 인간은 그 본질에 있어 선하지 않고 또 나쁘거나 악하지도 않다고 말한다면, 이 역시 이미 인류와 인간에 대한 반역이다. 더 나아가 인간이란 그 자체 및 본질에서 나쁘며 악하다고 감히 말한다면, 그것은 한층 더 심한 반역이다. 그렇게 함으로써 인간은 인간 대신 신을 무너뜨리는 것이다. 왜냐하면 인간이 신의 창조물을 부정하게 됨으로써 신을 진정으로 인식하게 되는 수단과 방법을 부정하게 되고 결국에는 이 세상에서 유일한 악의 원천인 거짓을 행하게 되기 때문이다.

56

학교란 사물 및 자기 자신의 본질과 내면적 삶을 학생에게 인식시키고 의식하도록 하는 곳이다. 즉 사물이 사물에 대해 지니는 관계 및 사물과 사물 간의 내면적 관계, 사물의 인간과 학생에 대한 내면적 관계, 그리고 모든 사물의 생동적 근거와 자명한 통일성에 대한 관계, 다시 말해 신에 대한 사물의 내면적 관계를 학생에게 가르치고 의식시키고자 노력하는 곳이다.

수업의 목적은 다음과 같다. 모든 사물이 신에게서 통일되고 만물이 신 안에서 안식하며 또한 계속 존재하여 살아간다는 것을 학생에게 통찰시킴으로써 장래의 실생활에서 학생이 이러한 통찰에 따라 행위하고 활동할 수 있도록 해주는 데 있다. 이를 위한 수단과 방법이 수업 내지 수업 활동 자체다.

그러므로 학교의 수업을 통해 외부세계는 학생과 대립되어 그와 구별되는 낯선 타자로서 나타나게 되고 학생 자신 또한 외부세계와 관계하기 시작한다. 더 나아가 학교는 개개의 사물과 현상의 내면적 성향, 그리고 이들 서로의 관계 및 관련성을 제시하여 점점 더 차원 높은 보편성과 지성으로 고양해 나간다. 학교에 입학한 학생과 소년은 사물의 외부적 관찰로부터 벗어나 보다 차원이 높은 정신적 고찰의 단계로 들어서게 되는 것이다.

이와 같이 아이가 사물에 대한 외적이고 피상적인 관찰에서 벗어나 사물을 내면적으로 고찰하는 단계, 즉 인식과 통찰 및 의식으로 이끄는 고찰의 단계로 들어서게 하는 것이 학교 본연의 목적이다. 다시 말해 아이가 가정의 질서에서 빠져나와 보다 차원이 높은 세계 질서 속으로 들어가는 것이야말로 소년을 학생으로 만들 뿐만 아니라 학교를 본연의 참된 학교가 되도록 해 준다.

다양한 내용이나 외형적인 것을 다소라도 습득하기 위한 기관으로서의 학교는 결코 학교다운 학교가 될 수 없다. 만물에 생명력을 불어넣어 활동시키는 살아 있는 정신의 입김과 호흡만이 학교를 학교답게 한다. 학교를 이끄는 직무를 지녀 그 운영과 경영을 책임지는 사람은 누구나 이러한 점을 깊이 숙고했으면 한다. 그러므로 오로지 그 자체로서의 학교는 스스로 그 어떤 명백한 의식을 전제로 하고 있다. 이 의식은 이른바 외부세계와 학생 사이에, 그리고 그것을 넘어서서 아른거린다. 이 의식은 학생과 외부세계의 본질을 하나로 통일하며 이 둘의 내면적인 것을 안에 지녀 서로를 매개하는 의식이요, 이 둘에게 언어와 상호 이해를 부여하고 있는 의식이다. 이와 같은 일을 하는 사람은 이 영역의 대가(Meister)인 교사다.

교사를 '마이스터'라고 부르는 것은 적어도 그가 대부분의 것에 대해 사물의 통일성을 입증하지 않으면 안 되는 입장에 서 있어야 하기 때문이다. 교사는 사물의 내면적이고 정신적인 본질을 자기 자신과 타인에게 증명해 주고 통찰하게끔 해 주지 않으면 안 되기 때문에 학교의 교사(**Schul**meister)인 것이다. 어떤 아이나 학생일지라도 이러한 점을 자신의 교사로부터 예감하게 되고 기대하며 신뢰하고 요구하게 된다. 이러한 예감과 기대, 그리고 신뢰야말로 그들 사이를 결합하는 끈, 비록 눈에 보이지는 않으나 매우 효력이 있는 끈이다.

우리의 옛 교사들이 자신의 학생에게 영향을 주고 또 그들의 내면적 삶을 진정으로 진흥시킨다는 점에서 오늘날의 여러 교사들에 비해 훨씬 더 효과를 냈던 것은 아마도 이와 같은 아이들의 예감(Ahnung)과 기대(Hoffnung), 그리고 어린이다운 신뢰(Glaube)를 통해 교육했기 때문일 것이다. 현재의 교사들은 아이들에게 실로 많은 것을 가르쳐 주고 있지만 그것을 필연적이고 내면적이며 정신적인 통일성 안에서 보여 주거나 결합시키지는 못하고 있다.

이러한 학교관(學校觀)에 대해 다음과 같이 반론을 해서는 안 될 것이다. 즉 이렇게 고상하거나 최상인 학교관이 비록 사실이라 할지라도, 비록 그 내면적이고 정신적인 표상이 형성되어 있어 현실로 존재한다 할지라도, 이런 점들을 현실 속에서 입증하는 일은 극히 곤란하다는 것이다. 최소한 재단사가 교사로서 왕좌에 앉듯 자신의 일자리에 있고 그 밑의 학생들은 초보 지식이나 주요 교훈집을 암송하고 있는 곳에서나, 나이 든 나무꾼이 겨울날 연기로 그을린 어두운 방에서 도끼로 나무 틈새에 쐐기를 박아 넣듯 루터의 교리문답을 설명하는 곳에서 역시 그렇다. 즉 이러한 곳에서는 결국 정신적 입김이나 본질 및 생명에 대해 언급할 수 없는 것이 아니냐고 반문해서는 곤란하다는 것이다. 정말 그렇다. 이런 곳에서야말로 정신적 입김과 본질 및 삶에 대해 정당하게 말할 수 있다. 만일 그렇지 않다고 한다면 이런 곳에서 도대체 어떻게 장님이 절름발이에게 길을 알려 주고 또 불구자가 허약한 사람을 부축해 줄 수 있을 것인가.

그것을 가능케 하는 것은 오로지 학생들의 교사가 학교의 마이스터라고 불리기 때문이다. 또 학교의 마이스터가 외적으로 분리되어 있는 것을 내면적 · 정신적으로 통합하고, 죽은 것에 생명을 불어넣으며, 삶에 의미를 부여하는 것이 가능하다고 기대하며 신뢰하는 아동이나 소년들의 예감과 신뢰 및 순진무구함 때문이다. 이 예감이 비록 희미하거나 완전히 어둠에 싸인 것이라 할지라도 교사는 오로지 이러한 예감을 통해서만 자신이 행해야 할 것을 수행하게 된다. 이와 같은 예감과 신뢰야말로 모든 것에 생명을 불어넣는 숨결이다. 교사가 자신의 아동들에게 섭취하도록 건네주는 거친 돌마저 이 숨결을 통해 그들의 고귀한 양식이 되는바, 비록 두뇌를 위한 식량은 아닐지라도 심성을 위한 양식이 되는 것이다.

이러한 예감과 기대 및 동경이 있기 때문에, 즉 만물에 생명을 불어넣는 정신의 입김이 있기 때문에, 비록 정신의 입김이 연기에 그을린 사면의 벽에 갇힌 채 그 속에서 떠돈다 할지라도 학생은 자신의 학교를 매우 사랑하게 된다. 학교의 정신, 즉 학교의 참된 정신은 예수나 신의 정신처럼 바깥 모습을 통해 나타나는 것이 아니다. 바람이 잘 통하는 아무리 그럴듯한 교실이라 할지라도 만약 통풍이나 바람이 보다 높은 정신적 삶을 내몰게 된다면, 다시 말해 보다 높은 생명의 입김을 그곳에서 내몰아 버린다면, 그러한 학교 건물은 학교의 정신을 가져다주지 못한다. 깨끗하고 밝은 교실은 드높고 값비싼 선물이며 교사나 학생들이 매일같이 감사해야 할 가치를 지니고 있다. 그러나 그러한 학교 시설로 인해 학교의 정신이 생겨난다고 할 수 없다. "단식을 통해 육체적 준비를 갖췄다는 것은 사실 세련된 외면적 훈육이기는 하다. 그러나 믿음과 신뢰를 갖춘 사람이야말로 제대로 갖추고 있는 것이며 진정으로 숙련된 사람이다"라고 한 루터의 언급이 이 경우에 해당된다.

아이들이 학교에 들어갈 때 지니고 있는 믿음과 신뢰, 기대와 예감이야말로 이 모든 것을 낳게 하고 위에 서술한 학교에서 지극히 큰 성과를 얻게 한다. 왜냐하면 학교에 들어오는 학생들은 어린이다운 믿음과 은밀한 희망, 그리고 어렴풋한 예감과 더불어 학교 밖에서 배울 수 없는 것을 이곳에서 배울 수 있기 때문이다. 학교 밖에서는 신체 및 육체의 영양분밖에 섭취할 수 없지만 학교에서는 정신과 심정의 영양분을 섭취할 수 있다. 학교 밖에서는 양식과 음료를 섭취하면 할수록 다시금 새로운 공복과 갈증을 느끼지만, 문자 그대로 어린이들의 기대와 예감에 따라 살게 되는 학교에서는 영양분과 양식, 그리고 음료가 공복과 갈증을 해결해 준다.

어린이와 소년은 학교의 교사인 사람의 입에서 나오는 것이면 평범한 말과 일상적인 이야기임에도 불구하고 신뢰를 지닌 채 귀를 기울이게 된다. 교사가 하는 말이나 이야기가 비록 고귀한 정신적 의미를 갖지 않더라도 어린이의 신뢰가 그 속에 들어 있는 높은 정신적 의미를 발견하는 것이다. 어린이의 드높은 정신적 이해력이 목재와 짚단에서 영양분을 뽑아내는 것이다. 재단사나 벌목하는 사람 또는 직조공일지라도 어린이를 가르칠 때에는 더 이상 재단사, 벌목공 또는 직조공이 아니라 가르치는 이의 명칭 그대로 학교의 교사다. 오르간 반주자, 성가대 지휘자 또는 교장으로 칭해지는 사람이 마을이나 도시에서 진정한 교사이며 또 교사였던 경우가 얼마나 많은가.

참된 학생 누구에게라도 질문을 해 보라. 또한 마을이나 도시의 참된 학생이었다면 누구라도 자기 자신에게 질문을 해 보라. 즉 이들 학생이 어떤 감정을 지닌 채 학교 건물로 다가갔으며, 어떤 감정을 지닌 채 교실로 들어갔는지를 질문해 보라는 것이다. 또한 이 학생들이 매일 다소간이라도 보다 고귀한 정신의 세계에 들어서는 것처럼 의식했던 바를 질문해 보라. 만일 학생들이 이러한 감정과 의식을 지니지 않았다면 이제 막 학교에 입학한 학생들이 고양된 삶의 감정을 지니고 주일 설교의 중요한 격언, 예를 들어 "먼저 하느님의 나라를 찾으라"라는 말을 일주일 내내 지치지 아니하고 매일 15분 이상 외우거나 따라 읊조리는 일이 어떻게 가능하겠는가. (…)

학교의 영향을 통해, 즉 학교에서 배양되는 내면적이고 정신적 힘을 향상시키는 것 및 학교의 목적을 달성하거나 접근함으로써 소년은 자신이 보다 자유롭다고 느끼고 또 보다 자유롭게 활동한다. 참된 학생은 의기소침하거나 무기력해서는 안 되고 신성한 정신과 삶, 그리고 강건한 정신과 육체를 지녀야 한다. 그러므로 제멋대로 하려는 학생은 자신의 살아가는 기분을 즐겁게 따르지만 그것이 외형적 삶에 그 어떤 해로운 결과를 가져올 것인지를 거의 생각하지 않는다.

내면을 향해 작용하고 생동성을 부여하며 통합해 나가는 인간의 [내포적] 힘이 해가 지날수록, 그리고 인간이 성장할수록 더 증가할 것이라고 우리가 믿는다면 그것은 큰 착오다. 내면적으로 작용하고 생동감을 주며 통합하는 힘은 감소하는 반면, 밖으로 뻗어 나가고 외부로 작용해 나가는 힘, 즉 형성하고 다양화하는 [외연적] 힘이 증대된다. 후자인 인간의 확장적 · 형성적 힘의 느낌과 의식은 유감스럽게도 이때까지 존재하던 내면적으로 작용하고 생명 및 통일성을 부여하는 힘을 인식하고 인정하는 것을 너무 쉽게 또 너무 자주 거부한다. 그런데 이러한 거부와 더불어 우리들은 또한 실생활에서 이 두 가지 힘을 본질적 측면 및 현상적 측면에서 서로 혼동함으로써 학교의 운영 및 어린이를 지도하는 데 중대한 오류를 범하고 있다. 그뿐만 아니라 이런 혼동은 어린이 각자의 삶에서 그 진정한 근거와 토대마저 앗아 버리고 만다.

우리는 지금 아동과 어린 소년의 내면에 작용하고 통합하는 힘을 너무 신뢰하지 않으며, 정신적 생동감을 제공하는 이 힘에 대해 거의 기대하지 않는다. 그에 따라 이 힘은 소년기 후반에도 거의 작용하지 않게 된다. 내면의 힘을 사용하지 않을 경우 그 자체가 소멸하기 때문이다. 혹은 우리가 아이에게서 나타나는 힘, 아이들에게서 깨닫게 되는 이 힘을 잘못 다루고 있다. 그러므로 어린이들이 마치 끌어당길 대상이 주어지지 않은 채 그냥 걸려 있거나 바닥에 내던져 있는 자석처럼 방치되어 있는 것이다. 아니면 우리가 자석의 자력 작용을 가지고 불규칙하거나 법칙이 없는 장난을 치고 있는 것이다. 이 두 경우에 힘은 감소하고 소멸한다. 그 결과 그 자석은 이미 자성을 잃어 이후에 힘을 발휘해야 할 시기가 되어도 작용할 수 없게 된다. 앞에서 언급한 어린이들도 마찬가지다. 나중에 그들에게 신체적이고 정신적인 어떤 것을 감당하도록 하려 해도 그들은 그런 힘을 지니지 못한 허약한 자의 모습을 보인다.

우리가 아동과 소년이 지닌 생동적 힘을 올바르게 판

단하고 평가하려면 위대한 독일인 하나가 말했던 것을 절대로 망각하면 안 된다. 즉 젖 먹는 아이로부터 말을 할 수 있는 아동이 되기까지의 과정은 학교에 다니는 학생이 뉴턴(**Newton**)과 같은 사람이 되는 과정보다 훨씬 더 길다는 것이다. 아동기에 이르기까지의 과정이 길면 길수록 그 힘 또한 한층 더 클 것임에 틀림없다. 우리는 이러한 점을 잘 생각해 봐야 한다. 후에 인간의 인식과 통찰이 확대되고 다양화하며 또 개별화하고 전체성을 보이게 되면(힘의 외연성), 인간의 힘이 그 이전까지 지니고 있던 통합하는 작용과 결합하는 작용, 그리고 활기 있게 하는 작용을 고려하고 주목하는 시선은 흐려지고 파괴된다.

따라서 정신이야말로 학교를 학교답게 하고 교실을 교실답게 하는 유일한 그 무엇이다. 그 한계를 모른 채, 끊임없이 분해와 분리의 새로운 근거를 제시하는 개별적인 것, 나아가 그 자체마저 한층 더 분해하고 분리하는 일은 학교를 학교답게 하는 것이 아니다. 모든 개별적인 것과 다양함 속에 살아 있는 정신을, 즉 통합하는 정신을 주목하고 직관하며 인식함으로써 개별적인 것과 분할된 것을 통합하는 일이 바로 학교를 학교답게 하는 것이다. 다양한 것과 다수의 것을 그 자체로 가르치고 전달하는 일이 아니라, 모든 사물에 내재하며 영원히 살아 있는 그 무엇을 현현시키는 것만이 학교를 학교답게 한다는 사실을 절대로 잊어서는 안 된다. 지금은 이러한 사실이 자주 망각되고 소홀히 다뤄지고 있기 때문에 학교의 교사는 대단히 많아도 참된 교사가 매우 적으며, 학교는 많아도 제대로 된 학교가 아주 적다.

그런데 참된 학교에 본래 감돌고 있으며 아마도 아직까지 때때로 감도는 정신은 어떤 것인지를, 또한 본래 학교에 생명을 불어넣는 것은 어떤 정신이며 어떤 정신적 입김인지를 알고 있는 사람은 아마도 없을 것이다. 적어도 이에 관해 충분할 정도로 명확하고 분명한 견해를 표명했던 사람은 이제까지 없었으며 현재도 없다고 해도 과언이 아닐 것이다. 아마도 성실하고 참된 교사까지도 자신의 직업을 단순하게 이해함으로써 이러한 정신을 인식하지 못했을 것이며 그것에 이름을 붙여 분명하게 표명하지 않았을 것이다. 또한 지금도 자신의 직업에 성실할 뿐만 아니라 직업에 사로잡혀 있으면서도 그 정신을 인식하거나, 이름을 부여하거나, 확실하게 표명을 하는 교사가 없다 해도 좋을 것이다.

바로 이런 이유 때문에 이 정신은 매우 쉽사리, 그리고 급속하게 사라졌으며 점점 더 사라지고 있다. 인생에서 지극히 자주 부딪치게 되는 일, 고통스런 슬픔을 느끼게 하는 일이 유감스럽게도 여기서 또다시 입증되고 있음을 우리는 알게 된다. 만약 인간이 스스로 지닌 것을 알지 못하고 또한 그것을 의식하지 못하면, 그리고 그에 따라 자의식과 자유 및 자기결정을 통해 그것을 분명히 하면서 스스로 표현해 내지 못하면, 최고의 선(善), 아니 가장 고귀한 선이라 할지라도 인간에게서 상실되고 만다.

실로 인간이 지닌 어린이다운 예감과 희망, 그리고 어린이다운 신뢰와 감각이야말로 우리가 나아가야 할 길을 제시할 것이다. 그렇지만 인간의 의식과 통찰 및 자기결정은 이 길을 명확하고 지속적으로 밝혀 나가지 않으면 안 된다. 왜냐하면 인간은 자유 및 자신의 선택을 통해 의식하고 행위 하도록 정해져 있기 때문이다.

57

학교란 무엇인지 또 어떤 것이어야 하는지를 생생하게 제시하는 것에서 더 나아가 다음과 같은 진리를 마주하게 된다. 즉 소년 내지는 인간에게 가르쳐야 할 대상이란 동시에 그가 배워 알아야 할 대상이라는 것이다. 그렇지 않을 경우 수업과 학습은 생각이 없는 놀잇거리로 끝나고 두뇌와 마음, 그리고 정신과 심정에도 전혀 영향을 주지 못한다.

학교는 존재해야 하는가? 왜 학교와 수업이 존재해야만 하는 것인가? 학교와 수업은 무엇이어야 하고 또 어떠해야만 하는가? 이러한 질문들은 언급한 내용을 통해 이제 즉시 대답을 얻게 된다. 최소한 이미 말했던 것을 통해 쉽고 명쾌한 답을 얻게 되는 것이다. 정신적이고 신체적 존재인 우리는 사유하고 의식하며 이성적으로 (인식하면서, 즉 스스로의 앎을 통해 느끼고 감지하면서) 행동하는 인간, 그리고 그에 따라 신중하게 행동하는 인간이 되지 않으면 안 된다. 우리는 먼저 신으로부터 부여받은 힘과 정신의 형성을 추구하고 생활 속에서 신성함을 표현하고자 노력해야 하는데, 그럴 때 모든 지상적인 것이 그 권리 및 충족함을 얻게 된다는 점 또한 알게 된다. 우리는 신과 인간에게서, 또 신적인 것과 동시에 인간적이기도 한 사물에서 지혜와 지성을 증대시켜 나가야만 한다. 우리는 우리들의 아버지의 것 안에서 존재하고 있으며 또 존재해야 한다는 점을 알아야 한다.

우리는 우리와 지상에 드러난 모든 사물이 지상적 존재 방식에 따라 살아 있는 신의 성전이라는 것을 알아야 한다. 우리는 하늘에 계신 우리의 아버지와 마찬가지로 완전해져야 한다는 것을 알지 않으면 안 되며 이러한 지식에 따라 충직하게 행동하고 활동하지 않으면 안 된다. 학교는 우리를 이러한 방향으로 이끌어야 한다. 그러므로 학교와 수업이 존재해야 하고 학교와 수업은 이 목적에 부합되는 특성을 지녀야 한다.

## 해설

유치원 및 유치원 교육학의 아버지로 불리는 프뢰벨은 오늘날의 어린이 이해와 유아교육 전반에 지대한 영향을 준 교육 사상가요, 실천가다. 영미의 교육 용어에서도 유치원을 독일어 '킨더가르텐(Kindergarten)'으로 명기하고 있으며, 유아교육의 역사에 그의 이름이 대표적으로 제시되는 것을 볼 때 프뢰벨의 유아교육 이론과 실천 노력은 교육학의 역사 전체에 한 획을 그었음에 틀림없다. 독일 튀링겐 지역의 작은 마을에서 태어난 프뢰벨은 일곱 달 만에 어머니를 여읜 뒤 모성애를 그리워하며 성장했다. 그렇게 성장기를 보낸 그가 아동기 초기에 어머니의 교육이 지니는 중요성을 페스탈로치로부터 계승하여 포괄적이고 독창적인 교육철학과 유아교육 이론으로 발전시키게 된 것은, 위대한 사상과 업적이 개별적 인간 내면의 필요와 갈망으로부터 나올 수 있음을 보여 준다.

범신론적 신비함과 뒤얽혀 있음에도 불구하고 프뢰벨의 교육 사상은 그 자신의 부단한 실천적 교육 활동과 연결해 발전됨으로써 그를 페스탈로치에 이어 당시 독일어

권의 대표적 민중 교육자의 위치에 오르게 했다. 프뢰벨이 어린이와 인간 전반을 실천적 관점에서 새롭게 파악하고 있기는 하지만, 그의 저술에서 나타나는 종교적-신비주의적 특성을 포함하는 유기체적 인간 이해 및 세계관은 그가 낭만주의 사상의 영향을 받았음을 알게 해 준다.

프뢰벨은 교육에 관한 여러 글과 저서에서 인간 교육의 본질을 명확하게 규정하기 위해 유기체적 자연으로부터 다양하고 구체적인 예들을 동원한다. 모든 개별 현상은 신성한 생명력으로 비유되는바, 인간은 스스로를 이러한 신성함의 생동적인 일원으로 느껴야 한다. 교육은 인간의 성장에 도움을 주는 일로 파악된다. 인간은 신성하게 자라나는 그 무엇으로서 교육자는 그에게 햇빛과 양분을 마련해 줄 뿐 본질적인 것은 그 자체의 생명력에 맡겨 둘 수밖에 없다는 것이다. 이렇듯 프뢰벨은 인간 교육의 핵심을 자기활동성 및 자연스러운 표현 충동에서 찾고자 했다.

1826년 출간된 프뢰벨의 대표적 저서 《인간의 교육》의 겉표지에 제시된 완전한 책 제목은 《인간의 교육, 카일하우의 일반 독일 교육원에서 추구하는 교육, 수업, 그리고 교수 방법(Die Menschenerziehung, die Erziehungs-,

Unterrichts- und Lehrkunst, angestrebt in der allgemeinen deutschen Erziehungsanstalt zu Keilhau)》 제1권으로 '소년기의 시작'까지 다루고 있음을 알려 준다. 제2권이 발간되지 않았기에 저술 작업은 프뢰벨이 계획했던 대로 진행되지 못했던 것으로 보인다.

프뢰벨이 《인간의 교육》에서 본래 계획하여 제시하려던 내용은 학교의 기초 단계 수업에 대한 것이다. 따라서 책 전반부에 서술된 어린이의 성장·발달 시기 구분에 따른 인간 이해 및 교육학적 근거에 대한 사유를 제외한다면 책의 구성 대부분이 학교교육의 교과 내용 및 그 수업에 대한 교육학적 설명을 담고 있다. 그럼에도 불구하고 《인간의 교육》이 학교교육학 분야만의 저술로 평가되지 않는 이유는 이 책이야말로 프뢰벨이 유일하게 교육학적 체계 및 근거를 세우고 시작한 방대한 저서이기 때문이다.

자신의 사상을 풍부하게 표현해 낸 이 저서에서 프뢰벨은 어린이의 영혼에 대한, 특히 어린이의 발달에 대한 심오한 이해를 바탕으로 교육과 수업에 관한 포괄적이고 철학적인 해석을 제시한다. 모든 사물의 가장 지고한 사명은 유한한 것에서 무한함을 표현하고, 일시적인 것에서 영원함을 표현하는 일, 즉 신성함을 드러내는 일이다. 인간은 이러한 자신의 사명을 통찰하여 의도적으로 행위해야 한다. 따라서 성장 세대로 하여금 인간과 자연이 신성한 전체성에 그 뿌리를 내리고 있다는 사실을 의식하게 해 주는 데 모든 교육의 진정한 의미가 있다. 성장 세대는 이러한 의식으로부터 자신의 삶을 형성하며 삶의 통일성을 갖게 된다.

인간의 본질은 그 자체가 선하며 실로 인간 안에는 본래부터 선한 속성과 경향성이 존재하고, 인간의 삶이 개별적으로 표출되어야 하기 때문에 교육에서는 자유로운 자기활동성과 자기규정성이 최대한으로 발휘되어야 한다. 인간의 자기규정과 자기활동이 지배적인 삶에서는 본성에 따르고 본성을 보호하는 교육과 수업이 추구됨으로써 어린이가 지닌 본원적 힘들이 스스로 발현된다. 외부의 힘에 의해 규정되고 요구되는 교육과 수업이란 본원적인 것이 훼손되고 숨겨진 곳에서나 시행될 수 있는 것이다.

프뢰벨은 또한 인간의 형성 충동 및 활동 충동을 직접적이고 참된 신성함으로 간주했다. 그에 따라 인간이 행하는 작업과 근로는 성스러운 것이며 종교적이기도 하다. 종교교육을 일찍부터 시작하는 것이 대단히 중요한 것과 마찬가지로 참된 생산 활동과 근면을 위한 교육 역시 일찍 시작되는 것이 매우 중요하다. 생산적 활동을 수반하지 않는 신앙, 즉 노동이 결여된 신앙은 허무한 몽상과 근거

없는 광신, 그리고 내용 없는 환상에 빠지는 위험을 겪게 하기 때문이다. 신앙이 수반되지 않는 노동과 생산 활동은 인간을 짐승이나 기계로 타락시킨다. 노동의 내면적 의의에 합당하게 시도된 어린 시절의 생산적 활동은 신앙을 공고히 하기 때문에 교육적 의미가 매우 크다.

프뢰벨은 앞서간 교육 사상가인 루소(J. J. Rousseau)나 장 파울(Jean Paul)과 마찬가지로 청소년이 되기 전에 이전의 발달 단계를 완전하게 겪어 내고 경험한 사람만이 전인적 인간으로 성장할 수 있음을 강조했다. 각각의 단계에서 그 단계가 요구하는 상태에 도달하는 것이야말로 인간에게 주어진 보편적 명령이다. 프뢰벨은 《인간의 교육》에서 어린이 발달의 다양한 단계들을 제시하면서 그 특징과 교육적 의미를 논의하고 있다. 모든 내면적인 것은 밖으로 표현되어야 하고, 외적인 것은 내면으로 편입되어야 한다. 내면적인 것과 외적인 것은 원칙적으로 서로 함께 실현되고 완성된다. 그러나 발달 과정에서는 우선 하나가 우세하게 나타난 다음 다른 것이 더 우세하게 된다.

《인간의 교육》에 제시된 어린이 발달의 첫 번째 단계인 유아기(乳兒期: 0~2세)에는 주로 외적인 것이 내면화된다. 유아들은 감각을 통해 외부세계를 수용하도록 배우고, 감각기관을 단련하며, 외부세계를 내면화하기 위해 감각을 집중한다. 이 단계에서 성인이 어린이에게 행사하는 영향력이란 직접 돌보는 일에 집중되는 양육이지 엄밀한 의미에서의 교육은 아니다. 유아에게서 자아와 세계의 관계는 아직 명확하게 분리되지 않고 있다. 모든 것이 하나로 통일된 상태에서 여전히 살고 있기 때문에 유아에게 진정한 자아가 형성되었다고 말하기 어렵다. 유아의 온전한 발달이란 자아–세계의 관계가, 상대적으로 단순한 전체성으로부터 세분된다는 의미에서 점차 분화해 나가는 과정이라 할 수 있다.

다음 단계는 아동기(兒童期: 2~6세)로 아동과 세계가 분명하게 분리되는 것이 이 단계의 특징이다. 아동은 자아를 알게 되고 사물들을 응시하는 것 또한 배운다. 아동은 자기 자신과 세계를 발견하는 수단이요, 표현하는 통로인 말을 이 시기에 배우게 된다. 유아기와 달리 아동기는 내면적인 것을 외부로 표현해 낸다는 것이 그 특징이다. "외적인 것에서, 그리고 외적인 것을 통해 내면적인 것을 눈에 보이도록 하고 또다시 양자를 합일하여 결합하는 통일성을 찾기 위해 추구하는 이 단계에서부터 엄밀한 의미의 인간 교육이 시작된다." 아동기에 들어서면 신체의 양육과 보호의 측면은 감소하는 반면, 정신의 보육과 보호의 측면은 커진다. 이 시기의 어린이에 대한 영향은 좁은 의미의 교육으로 심정과 심성의 형성이 중요시된다. 아동기의 특징인 놀이는 어린이가 세계와 소통하는 독특한 방식인데 현재의 일에 몰두하면서도 이완될 뿐 아니라, 다른 한편으로는 전력을 다하는 진지한 행동이다. 어린이는 놀이의 형식으로 세상을 경험하고 자신의 내면을 표현하기 때문에 이 단계의 놀이는 삶의 심오한 의미와 뛰어난 교육적 가치를 지닌다.

프뢰벨이 《인간의 교육》에서 지대한 관심을 보이는 세 번째 단계인 소년기(少年期)에는 자아와 세계에 대한 체험이 더욱 세분화되고 자아는 세세에 대해 제법 대항을 하게 된다. 이제 소년은 세계와 뚜렷한 거리를 둔다. 세계는 더 이상 의심할 바 없는 자명한 그 무엇이 아니라 자신이 알고 싶어 하는 대상이요, 모든 감각을 동원해 정복하고 정신적으로 극복하고자 하는 현실이다. 앞 단계에서 소박한 자기표현이 중요했다면 지금은 무엇보다 여러 가지 사실과 현상들이 중요시된다. 소년은 더 이상 행위 및 자기표현의 즐거움을 위해 사물이나 현상에 접촉하지 않는다. 이제 소년은 사물과 현상들의 연관성을 탐구하는 것이다. 아동은 놀이하지만, 소년은 자신의 목적에 따라 특정한 규칙이 있는 놀이를 만든다. 그리하여 소년기는 수업의 시기이고 학교와 관계하는 시기다. 소년기에 인간의 발달과 형성 과업은 수업과 더불어 행해진다. 수업은 인간의 본질 자체와 사물의 본질에 내재하는 일정하고 확고하며 명료한 법칙에 따른다.

소년기까지의 발달 단계에 대한 설명에 이어 학교의 본질에 대한 내용이 간략하게 언급된 다음에는 학교에서 배워야 할 주요 교육 내용들이 논의되고 있다. 주요한 교육 내용으로는 종교 및 종교교육, 자연과학과 수학, 언어, 그리고 예술에 대한 것이 철학적이고 추상적으로 서술되어 있다. 이후 책의 끝 부분까지 이러한 교육 내용에 대한 특별한 고찰이 이어지고 있는데, 프뢰벨은 종교적 감성의 계발에서 쓰기 및 읽기에 이르기까지 기초 수업의 과정들을 실천적 관점에서 설명하고 있다. 결론적으로 프뢰벨이 《인간의 교육》에서 일관되게 피력하는 바는 "인간의 교육이란 자의식을 지닌 채 사유하고 인지하는 존재로서의 인간이 내면의 법칙인 신성함을 자의식 및 자기결정에 따라 있는 그대로 순수하게 제시하도록 격려하고 이끄는 일이요, 그것에 요구되는 수단과 방법을 보여 주는 일"임을 우리가 인식하고 실천해야 한다는 점이다.

본 번역은 《인간의 교육》에 제시된 전체 내용 가운데

교육의 개념, 인간 이해, 인간 발달의 단계 및 특성, 학교의 역할과 기능 등 프뢰벨의 교육 사상과 교육 이론을 이해하기 위한 핵심적인 부분들을 중심으로 했다. 200여 년 전의 인간 이해 및 사회적 상황을 전제로 집필된 글을 우리가 오늘날 새롭게 접근하고 참고하기 위해서는 때때로 그 저술이 지니는 사상사적-실질적 영향을 중심으로 파악하는 일이 필요한데 그러한 목적에 적합한 번역이라고 보면 되겠다. 사실 《인간의 교육》의 상당 부분을 차지하는 학교교육의 내용과 관점에 대한 프뢰벨의 논의는 특정 분야를 연구하는 학자들을 제외한다면 현대의 독자들 대부분에게 큰 흥밋거리가 되기 어렵다. 그런 면에서 이 번역에 제시된 부분들은 유치원 교육의 선구자인 프뢰벨의 인간 이해와 세계관은 물론 그의 교육적 관심사가 어디에 있는지 확인하고 그것의 역사적 평가 및 현대적 의미를 구상하는 데 기본적인 텍스트 역할을 해 줄 수 있을 것이다.

그간 《인간의 교육》은 몇 차례 한국어로 번역된 바 있다. 이 번역은 프뢰벨의 《인간의 교육》에서 그의 교육 사상을 파악하는 데 핵심이 되는 내용을 중심으로 발췌하여 진행되었다. 발췌된 부분은 대체로 책의 전반부에 속하는데 1에서 57까지의 내용이 대부분이다. 이 책에 번역된 분량은 원본 전체의 1/4 정도가 된다. 이번 번역은 선행하는 번역들에 비해 독일어 원전의 문맥과 언어적 표현에 충실하게 진행되었다. 원전 자체의 내용 구성 및 서술 방식이 일목요연하지 못하고 문장의 구조와 표현 역시 단순 · 명료한 편이 아니라서 저자인 프뢰벨이 전달하고자 했던 의미를 가능한 한 정확하게 파악할 수 있도록 번역했다. 또한 원전에서는 목차 없이 서술되어 있는 본문을 그간 옮긴이가 서양 교육의 역사 및 프뢰벨을 공부하며 파악하고 이해했던 바를 바탕으로 소제목을 붙여 가며 번역했다. 끝으로 번역 원고를 제출하기로 약속한 기간이 지났음에도 조용히 기다리며 격려해 주신 지식을만드는지식 편집진 여러분께 고마움을 표한다.

## 지은이에 대해

프리드리히 프뢰벨(Friedrich Wilhelm August Fröbel)은 1782년 4월 21일 독일 튀링겐의 오버바이스바흐(Oberweissbach)라는 작은 마을에서 목사의 아들로 태어났다. 그는 태어난 지 채 1년도 되지 않아 어머니를 여의고 외로운 아동기를 보냈다. 1797년부터는 산림 측량사 도제 수업을 받다가 1799년 예나 대학에 입학해 자연과학을 공부했다. 1802년 아버지가 죽은 후 산림 관리원 시보로 일하다가, 페스탈로치의 제자이면서 프랑크푸르트 페스탈로치 시범학교의 교장이었던 그루너(A. Gruner)를 알게 되어 1805년 이 학교에서 교사로 일했다. 1806년에는 홀츠하우젠(Holtzhausen)가(家)의 가정교사가 되었으며, 그 해 10월에는 스위스 이페르텐(Iferten)에 머물고 있었던 페스탈로치를 방문하여 2주간 머물렀다.

프뢰벨은 1808년 가을 다시 이페르텐으로 가서 페스탈로치의 학교에서 2년간 머무르며 페스탈로치의 민중 교육 사상과 교육학 연구에 집중하게 된다. 그 후 그는 1811년부터 1815년까지 괴팅겐 대학과 베를린 대학에서 자연과학과 언어학, 그리고 광물학 등을 배웠다. 이 시기에 프뢰벨은 특히 결정학에 관심을 보였으며, 결정체의 성장을 수학적이고 입체기하학적인 구조의 법칙성이 지배하고 있다고 믿게 되었다. 이러한 법칙성으로부터 자연철학적인 '공[球]의 법칙'이 자연의 생존과 인간의 정신적 · 육체적 삶 속에서 작용하는 유효한 것으로 구상되었다. 이 '공의 법칙'은 이후 프뢰벨에게서 인간 교육의 기본 법칙이 된다.

1816년 베를린에서 돌아온 프뢰벨은 11월 말 튀링겐의 그리스하임에 일반독일교육원(Allgemeine Deutsche Erziehungsanstalt)를 설립하고 이듬해 루돌슈타트(Rudolstadt) 인근의 카일하우(Keilhau)로 이전했다. 1818년에는 베를린 명문가의 딸 빌헬미네 호프마이스터(Wilhelmine H. Hofmeister)와 결혼하여 카일하우에서의 교육 활동에 매진했다. 그는 자신이 설립한 사립 교육기관에서 '공의 법칙'에 근거한 수업을 통해 초등학교 및 김나지움의 인간 교육을 실현하고자 했다. 프뢰벨은 1826년 자신의 주저 《인간의 교육》을 저술했고 1833년에는 《인간 교육의 개요》를 발간했다.

1837년에는 블랑켄부르크(Blankenburg)로 이주하여 '아동 및 청소년 활동 충동 양육원'을 개설했고 그곳에서 놀이 자료를 생산 · 판매했다. 어린이 교육을 새롭게 하기 위해 1840년에 일반독일유치원(Der Allgemeine Deutsche Kindergarten)을 설립했다. 1842년에는 유치원 여교사 과정을 개설했으며 《어머니와 애무의 노래》를 1844년에 발간했다. 프뢰벨은 1845년부터 수년 동안 자신의 유치원 교육학 이념을 전파하기 위해 강연 여행을 다니기도 했다. 그러나 1851년 8월 프뢰벨이 설립한 유치원이 무신론적이며 사회주의적 성향을 지녔다는 이유에서 프로이센 당국에 의해 금지되었다. 프뢰벨은 공개적인 의견 표명을 통해 이러한 조처를 해제하기 위해 부단히 노력했으나 실패했고 이듬해인 1852년 6월 21일 세상을 떠났다.

금지되었던 프뢰벨의 유치원은 이후 1860년에 다시 문을 열 수 있었다. 이렇게 정치적 이유에서 제약을 받았음에도 불구하고 프뢰벨이 창안하고 발전시킨 유치원 교육학은 지속적으로 확대되고 심화되었다. 프뢰벨이 살아 있던 동안 그의 교육학적 이론과 실천적 노력은 한정된 범위 안에서밖에 인정받지 못했으나, 그가 세상을 떠난 이후에는 독일에서보다는 외국에서, 특히 영국과 미국에서 유아교육에 막대한 영향을 주었다. 그리하여 그의 이름과 저서는 '킨더가르텐'이라는 단어와 더불어 교육학의 역사에서 기억되고 있으며, 그는 유치원 교육의 선구자로 영원히 남게 되었다.

# 옮긴이에 대해

정영근은 연세대학교에서 독어독문학을 전공한 뒤 대학원에서 교육철학을 공부했으며 프뢰벨의 유치원 교육 이론에 대한 논문으로 석사 학위를 취득했다. 이후 독일 쾰른대학교 철학부 교육학과에서 독일의 18세기 교육 사상에 대해 연구하면서 빌헬름 폰 훔볼트(Wilhelm von Humboldt)의 인간 도야 이론에 대한 논문을 제출하여 박사 학위를 취득했다. 귀국한 뒤에는 교육철학, 서양 교육사상, 학교교육 이론 및 교사교육에 대한 다수의 글을 발표했고 상호 문화교육의 교육학적 근거와 의미에 대해 논의하였다. 상명대학교 교육학과 교수로 퇴임한 후 현재 명예교수이다. 한국교육철학회 및 한독교육학회 회장을 역임했다.

주요 저서로는《인격과 인간 교육》,《인간 이해와 교육학》,《영화로 만나는 교육학》,《교사를 위한 교육학》,《교육학, 인간에게 다가서다》 등이 있으며 다수의 공저와 몇 편의 단독 및 공동 번역서를 출간했다.

# 원서발췌 인간의 교육

지은이 프리드리히 프뢰벨
옮긴이 정영근
펴낸이 박영률

초판 1쇄 펴낸날 2015년 8월 21일
개정1판 1쇄 펴낸날 2025년 11월 6일

지식을만드는지식
출판등록 제313-2007-000166호(2007년 8월 17일)
02880 서울시 성북구 성북로 5-11
전화 (02) 7474 001, 팩스 (02) 736 5047
commbooks@commbooks.com
www.commbooks.com

ⓒ 정영근, 2025

지식을만드는지식은
커뮤니케이션북스(주)의 고전 출판 브랜드입니다.
이 책은 저작권자와 계약해 발행했으므로, 본사의 서면 허락 없이는
어떠한 형태나 수단으로도 이 책의 내용을 이용할 수 없습니다.

ISBN 979-11-430-1457-3 03370

책값은 뒤표지에 있습니다.